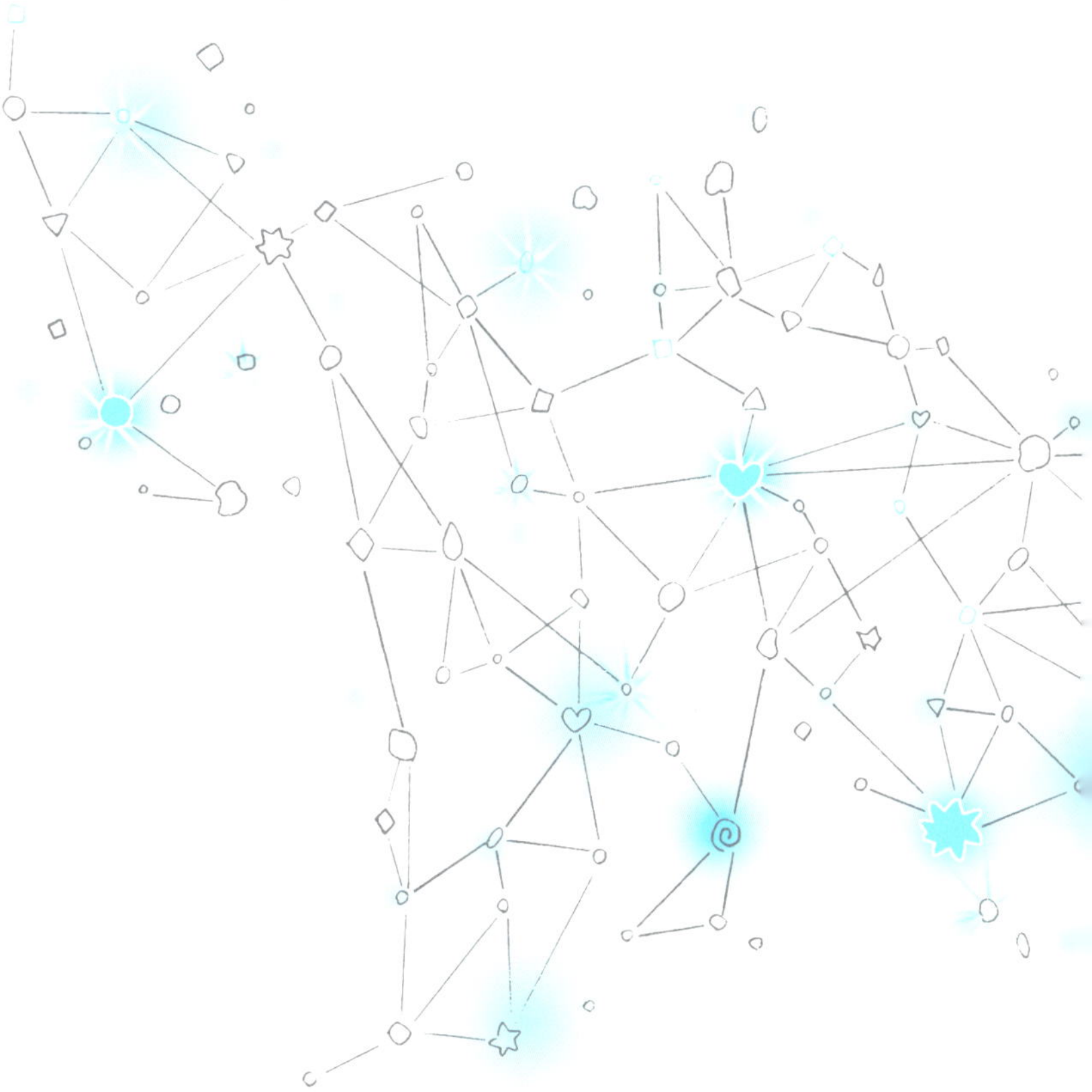

深い学び

田村学
Manabu Tamura
國學院大學教授

東洋館出版社

Driven by
Knowledge-based connections

Contents

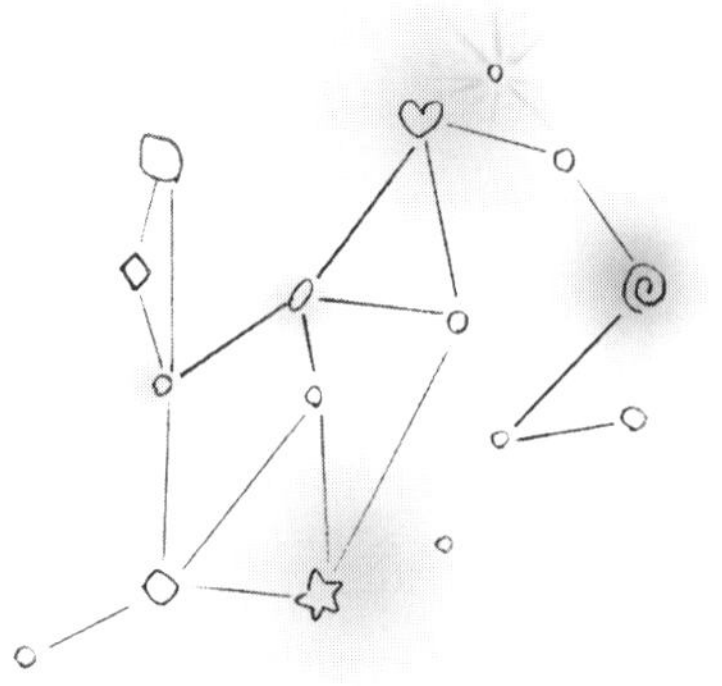

Prologue

今期改訂を構造的に理解する

第1章

知識が「駆動」する

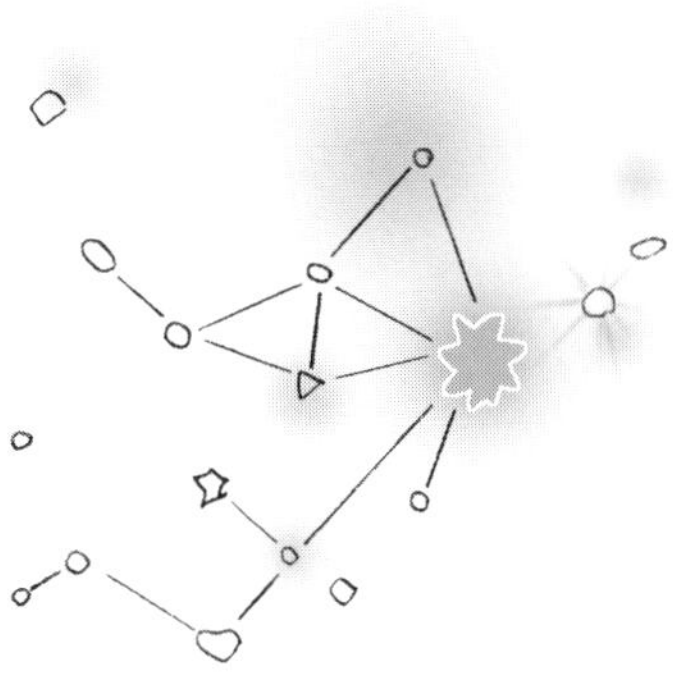

第2章

「深い学び」にアプローチする子供の姿

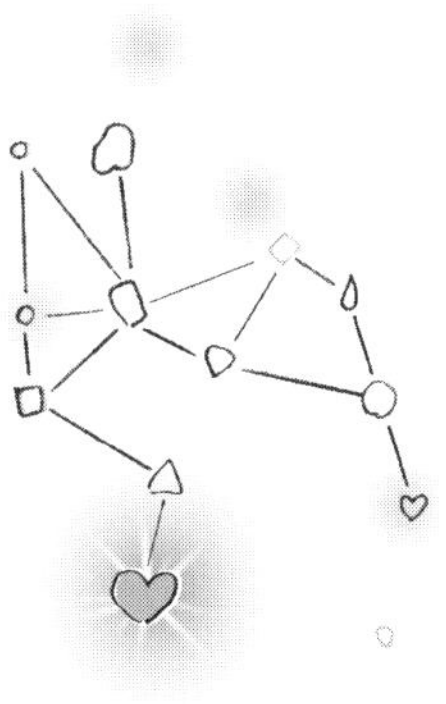

第3章

「深い学び」を具現する授業デザイン

第4章

「深い学び」を支えるチーム力

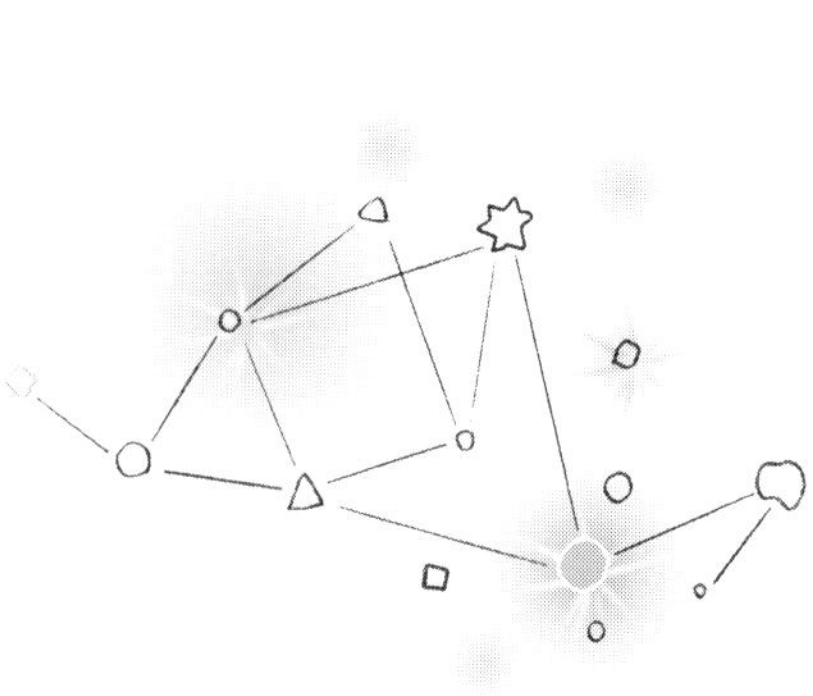

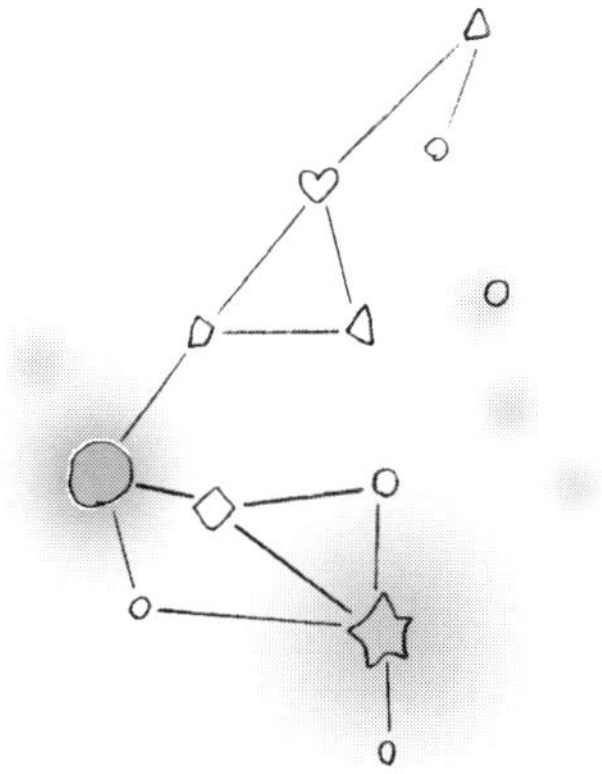

Prologue

今期改訂を構造的に理解する

今期の学習指導要領改訂が目指す大きな方向性は、実社会で活用できるような「育成を目指す資質・能力」を確かに育てていくことにある。その実現のためのアプローチの一つが、授業のイノベーションとしての「主体的・対話的で深い学び」の視点による授業改善である。そしてもう一つが、カリキュラムをデザインすることを中心とした「カリキュラム・マネジメント」だと整理できる。本書のPrologueでは、これらのキーワードを構造化することで、今期改訂の方向を全体的かつ関係的に捉えることにする。

- 社会に開かれた教育課程
- 育成を目指す資質・能力
- 主体的・対話的で深い学び

コンセプトを掲げ、新たな時代に立ち向かう。

※なお、カリキュラム・マネジメントの具体については、拙著『カリキュラム・マネジメント入門』（東洋館出版社）に譲る。

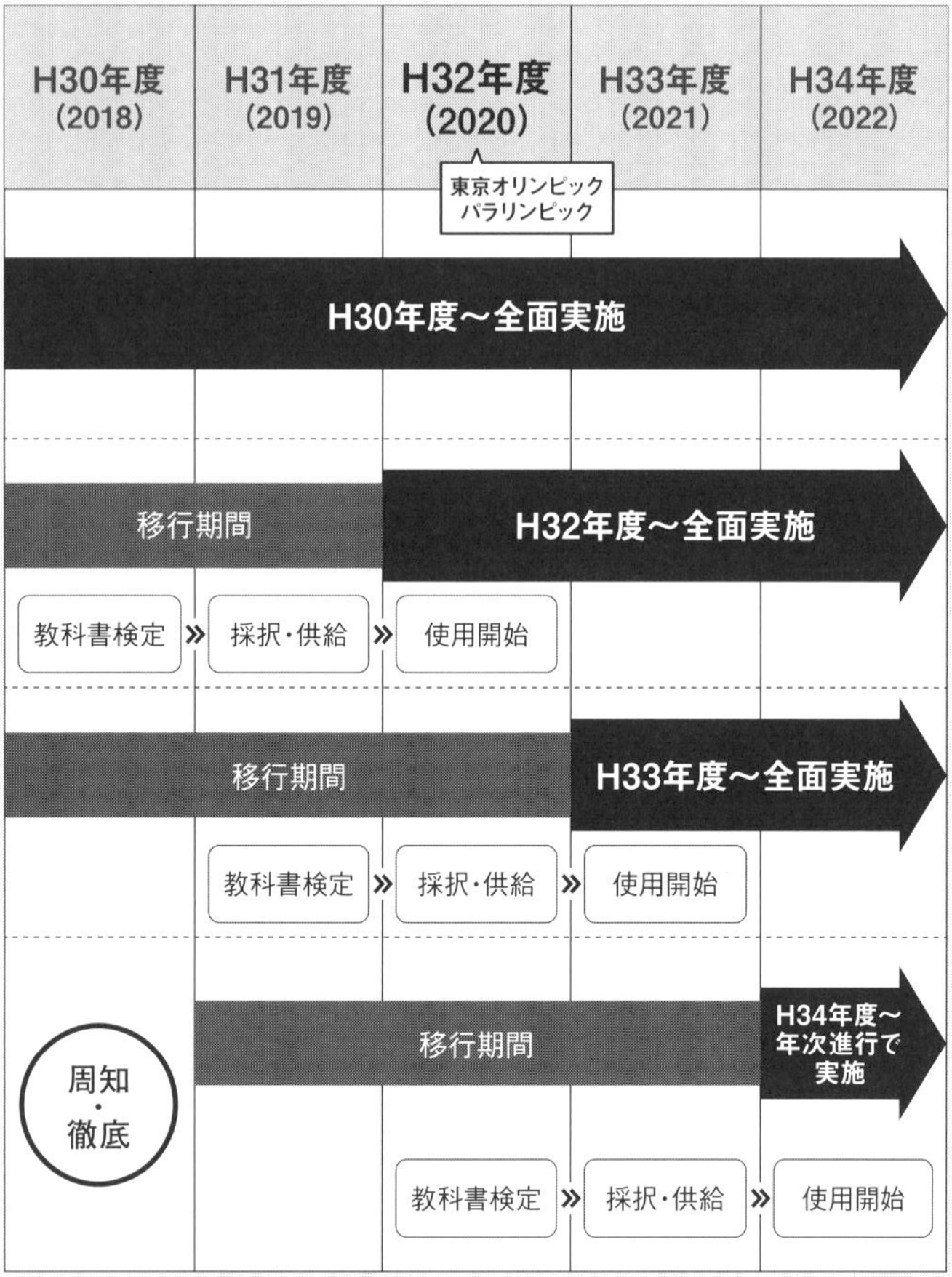

※中央教育審議会初等中等教育分科会教育課程部会（第98回）配付資料「資料3　今後の学習指導要領改訂スケジュール（現時点の進捗を元にしたイメージ）」（2016年8月26日）をもとに作成。

学習指導要領（平成29年3月告示）改訂・実施のスケジュール

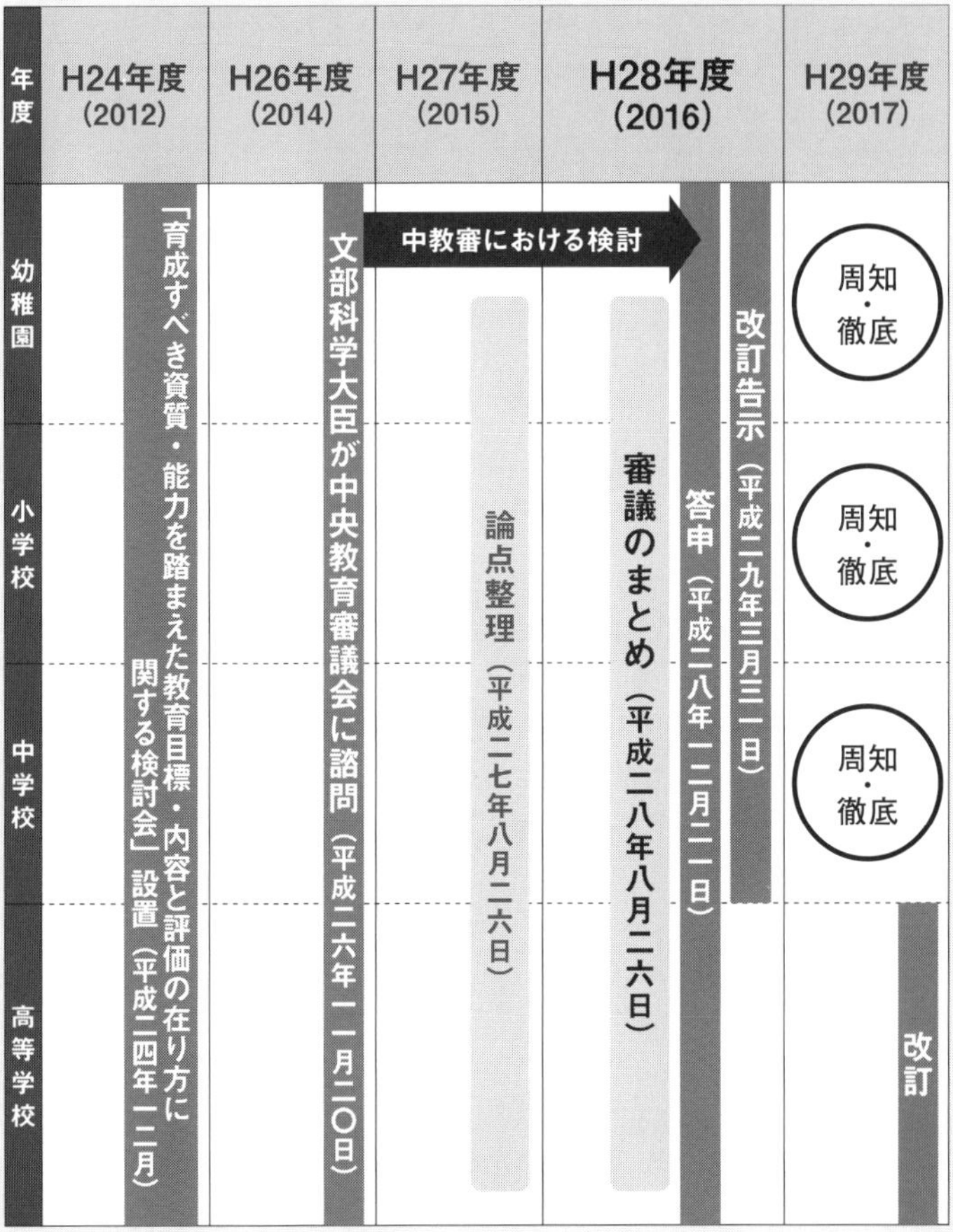

社会に開かれた教育課程

「社会に開かれた教育課程」のスローガンのもと、教育課程の基準の改訂について、中央教育審議会では活発な議論が積み重ねられ、広く公開されてきた。そして、二〇一六年一二月二一日には、中央教育審議会「幼稚園、小学校、中学校、高等学校及び特別支援学校の学習指導要領等の改善及び必要な方策等について（答申）」（以下、「答申」）が示され、二〇一七年三月には幼稚園教育要領、小学校と中学校の学習指導要領が改訂された。二〇一八年三月には高等学校の学習指導要領も改訂された。

今回の改訂では、二〇一二年八月二八日「新たな未来を築くための大学教育の質的転換に向けて～生涯学び続け、主体的に考える力を育成する大学へ～（答申）」を皮切りに、「アクティブ・ラーニング」というキーワードが示され、大きな改革の流れを生み出した。その言葉は、能動的学習を意味し、そこには、学習者主体の学びを実現しようとするメッセージが含まれていた。なぜなら、実際の社会で活用できる資質・能力は、学び手である子供が本気で真剣になって学ぶことによってこそ育成されると考えられるからである。また、学び手である子供が、「主体的・対話的で深い学び」を実現するためには、授業のイノベーションとカリキュラムのデザインを中心としたカリキュラム・マネジメントが重要であると考えてきた。

連日報道される人工知能（ＡＩ）の情報からも明らかなように、目の前の子供たちが活躍するであろう近未来の社会においては、想像以上の変化が起きることが現実味を帯びてきた。

そうした変化の激しい社会、日常の暮らしの中にＡＩ技術などが普及する社会においては、ただ単に、一方的に知識を教えるだけの教育を行っていても期待される人材を育成することはできない。知識の習得はもちろん重要ではあるものの、これからの社会においては、身の回りに生じる**様々な問題に自ら立ち向かい、その解決に向けて異なる多様な他者と協働して力を合わせながら、それぞれの状況に応じて最適な解決方法を探り出していく力をもった人材**こそが求められている。また、様々な知識や情報を活用・発揮しながら自分の考えを形成したり、新しいアイディアを創造したりする力をもった人材が求められている。

こうした新しい社会で活躍できる人材の育成に向けては、「何ができるようになるか」が重要であり、そのためには「何を学ぶか」に加えて、「どのように学ぶか」が今まで以上に大切になってくる。つまり、日々の教育活動、まさに授業が今まで以上に大きくクローズアップされることとなってきた。「社会に開かれた教育課程」を実現し、求められる人材を育成するためには、学校や社会が資質・能力を共有し、連携して、一人一人の子供の学びを確かにすることが期待されている。

育成を目指す資質・能力

現在の日本の子供の学力を分析すれば、およそ大きな成果が上がってきていると考えることができる。例えば、経済協力開発機構（ＯＥＣＤ）によるＰＩＳＡ調査の結果においては、近年好ましい状況を示し、世界的に見ても高水準を保っている。また、全国学力・学習状況調査の結果については、各都道府県の格差が縮まり、テストなどによって測定できる学力については、一定の成果が出ていると考えることができそうだ。一方、ＴＩＭＳＳの調査結果からは、「勉強は楽しい」「勉強すると、日常生活に役立つ」などの質問に対し肯定的な回答をした子供の割合が諸外国より低かった。また、国立青少年教育振興機構の調査結果からは、近隣諸国の子供より自己肯定感が低いことなども明らかになっている。学力が上がっているにもかかわらず、である。さらには、自分で考え、判断して、行動する力などにも不十分さを示している。

社会の変化を見据えることのみならず、子供の実態を見つめることからも、「何を学ぶか」はもちろん大切ではあるものの、**「何ができるようになるか」のために、「どのように学ぶか」を一層重視する必要があることが理解できるのではないだろうか**。

こうした社会の変化や子供の実態から、中央教育審議会では「何ができるよ

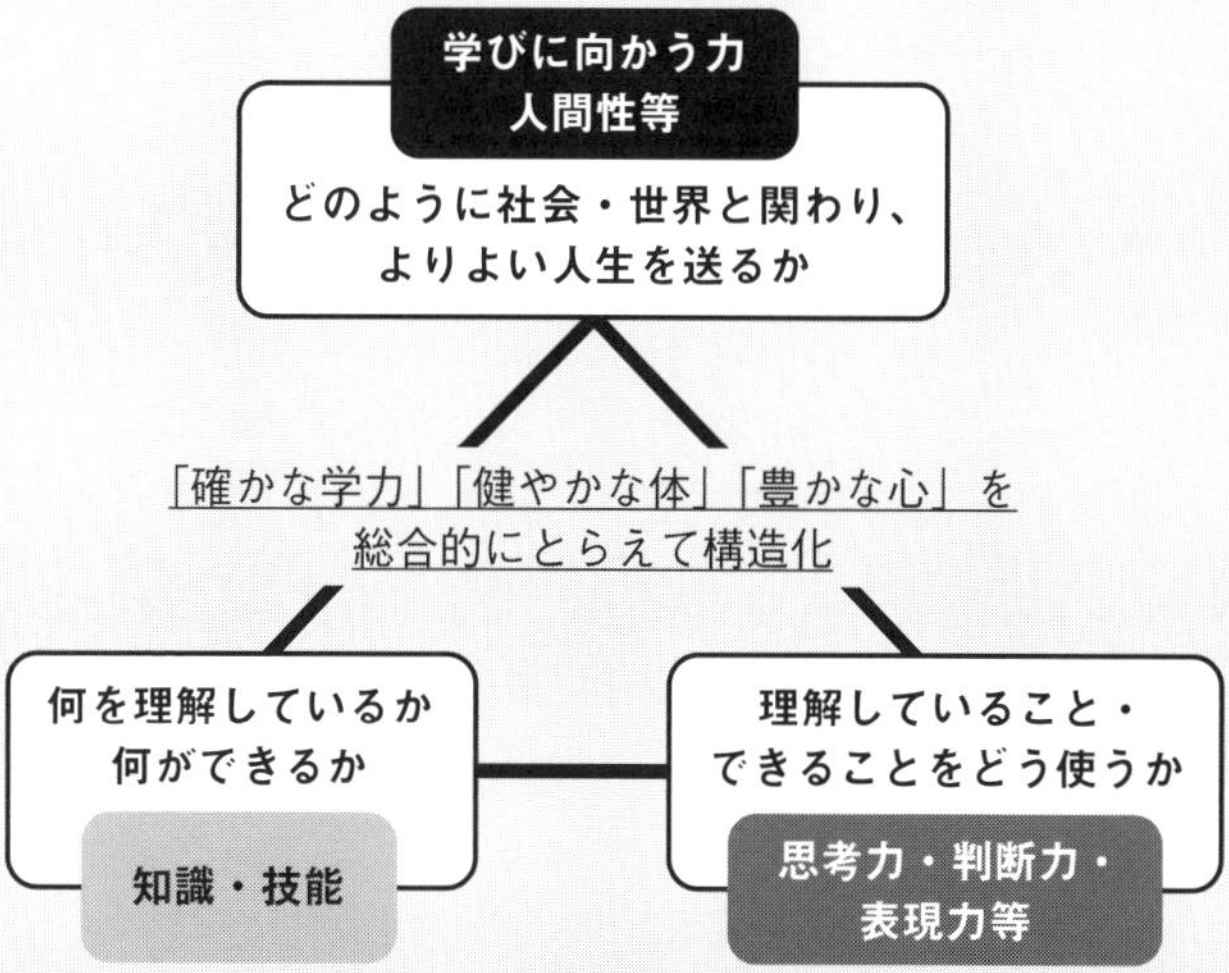

資料１　育成を目指す資質・能力の三つの柱
（「答申」補足資料 2016 年 12 月 21 日より）

うになるか」として、育成を目指す資質・能力を以下の三つの柱として検討を進めてきた。

①「何を理解しているか、何ができるか（生きて働く「知識・技能」の習得）」

②「理解していること・できることをどう使うか（未知の状況にも対応できる「思考力・判断力・表現力等」の育成）」

③「どのように社会・世界と関わり、よりよい人生を送るか（学びを人生や社会に生かそうとする「学びに向かう力・人間性等」の涵《かん》養）」

ここに示された育成を目指す資質・能力が、一人一人の子供に確かに身に付くようにするために、「どのように学ぶか」が今まで以上に問われることになる。そこでは、これまでのような一方的に知識を教え込む「チョーク・アンド・トーク」の授業や一人一人の子供が受け身の授業を、大きく改善していかなければならない。なぜなら、そうした受動的で指導者中心の学びでは、実際の社会で活用できる資質・能力が育成されるとは到底考えることができないからだ。資質・能力とは、それが発揮されている姿や状態が積み重ねられ、繰り返されることによって育成されると考えるべきであろう。やはり、学習者中心で、能動的な学びこそが求められていると考えるべきである。

（※なお、以降本書での「知識・技能」「思考力・判断力・表現力等」「学びに向かう力・人間性等」などの語句の表記は原則「答申」の表記に準ずることとする。）

主体的・対話的で深い学び

「生きて働く『知識・技能』」「未知の状況にも対応できる『思考力・判断力・表現力等』」「学びを人生や社会に生かそうとする『学びに向かう力・人間性等』」を一人一人の子供に育成していくことが求められている。そのためにも、学びの過程において、実社会や実生活と関わる、つまり、リアリティのある真正の学びに主体的に取り組んだり、異なる多様な他者との対話を通じて考えを広めたり深めたりする学びを実現することが大切になる。また、単に知識を記憶するだけにとどまらず、身に付けた資質・能力が様々な課題の解決に生かせることを実感できるような、学びの深まりも大切になってくる。

こうした「主体的・対話的で深い学び」を実現するためには、**学習過程を質的に高めることが必要**であり、そのための授業改善が、「答申」において次のように求められている。

①学ぶことに興味や関心を持ち、自己のキャリア形成の方向性と関連付けながら、見通しを持って粘り強く取り組み、自己の学習活動を振り返って次につなげる「主体的な学び」が実現できているか。

②子供同士の協働、教職員や地域の人との対話、先哲の考え方を手掛かりに

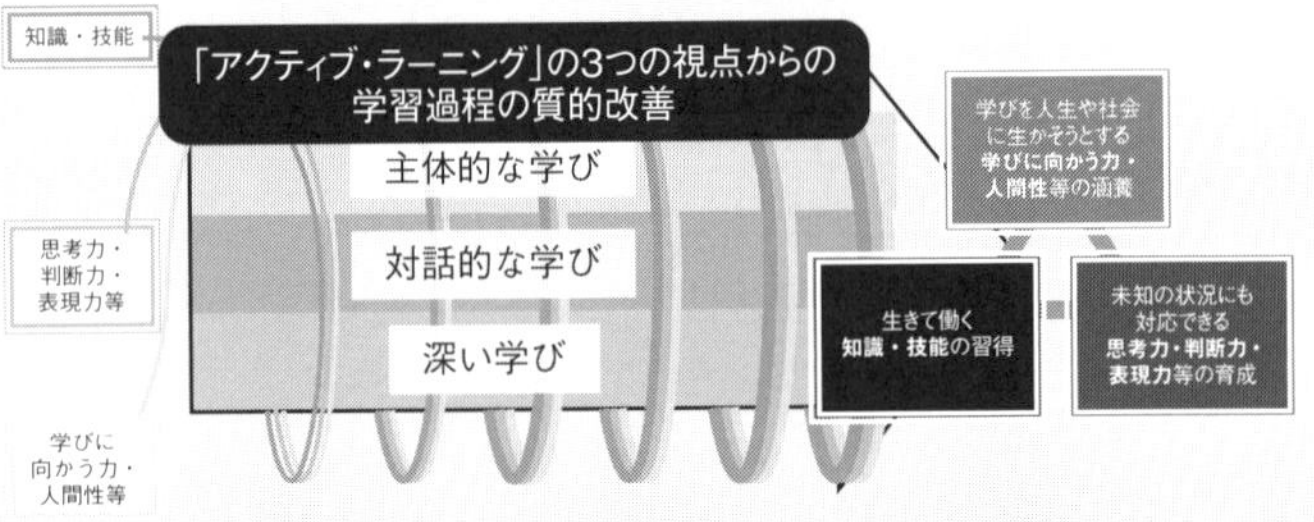

資料２　資質・能力の育成と主体的・対話的で深い学びの関係（イメージ）
（「答申」補足資料 2016 年 12 月 21 日より）

考えること等を通じ、自己の考えを広げ深める「対話的な学び」が実現できているか。

③ 習得・活用・探究という学びの過程の中で、各教科等の特質に応じた「見方・考え方」を働かせながら、知識を相互に関連付けてより深く理解したり、情報を精査して考えを形成したり、問題を見いだして解決策を考えたり、思いや考えを基に創造したりすることに向かう「深い学び」が実現できているか。

1　「主体的な学び」を実現する

「主体的な学び」とは、学習者としての子供自身が自らの学びをコントロールできることと考えたい。自分ごとの課題を、自分の力で解決し、その過程と成果を自覚する。これを繰り返すことで、子供は自分自身の力で学びをコントロールすることができるようになる。

したがって、「主体的な学び」については特に、授業の導入における「課題設定」と「見通し」、終末における「振り返り」に意識を向けたい。

子供は、実生活や実社会とつながりのある具体的な活動や体験を行うことによって意欲的で前向きな姿勢となる。まずは、リアリティのあるクオリティの高い「課題設定」によって、課題を解決していくプロセス自体が学習者にとって充実したものとなることが欠かせない。したがって、**どのような課題を設定し、どのような課題をもつのかによって、いわゆるオーセンティックな文脈のある学び、つまり本気で、真剣で、つながりのある学びが生まれるかどうか**が決まってくるはずである。

加えて、学習活動の見通しを明らかにしたい。見通しには、大きく分けて二つある。一つは、**解決に向けて進めていくプロセスイメージを明らかにすること**である。二つは、**学習活動のゴールイメージを鮮明に描くこと**である（図1）。

実際の学習活動を展開していく際には、到達点やそこへの道筋があることにより、学習者は前向きになり自ら学んでいく。併せて、見通しがあることによって、学びが連続し、情報としての知識や技能がつながり、関連付いていくことも期待できる。

「振り返り」は、自らの学びを意味付けたり、価値付けたりして自覚し、他者と共有して

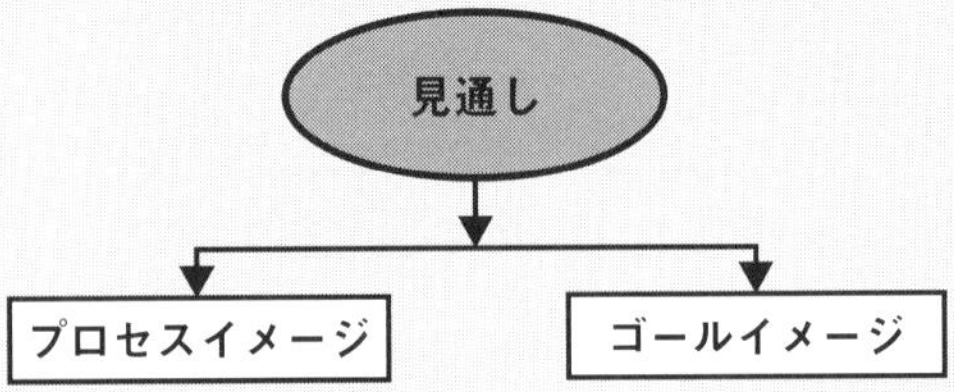

図１　見通し

いくことにつながる。「振り返り」の場面には大きく三つの意味がある。一つは、**学習内容を確認する振り返り**。二つは、**学習内容を現在や過去の学習内容と関係付けたり、一般化したりする振り返り**。三つが、**学習内容を自らとつなげ自己変容を自覚する振り返り**である（図２）。

　学習内容の確認はもちろん大切であるが、学習内容を関係付けたり一般化したりすることで学びの価値を実感することができる。また、自己変容に気付くことは学びの手応えをつかむことでもある。実感や手応えなどのポジティブな感情は次の行為を生み出す重要な感覚であり、そうした感覚や感情を感得することの繰り返しが、自ら学び続ける意志をもった子供の育成につながるはずである。具体的には、「振り返り」の意味を具現し、自ら学ぶ姿を実現するためにも、文字言語によって「刻む」ような表現をすることが考えられる（第三章二一六ページ参照）。

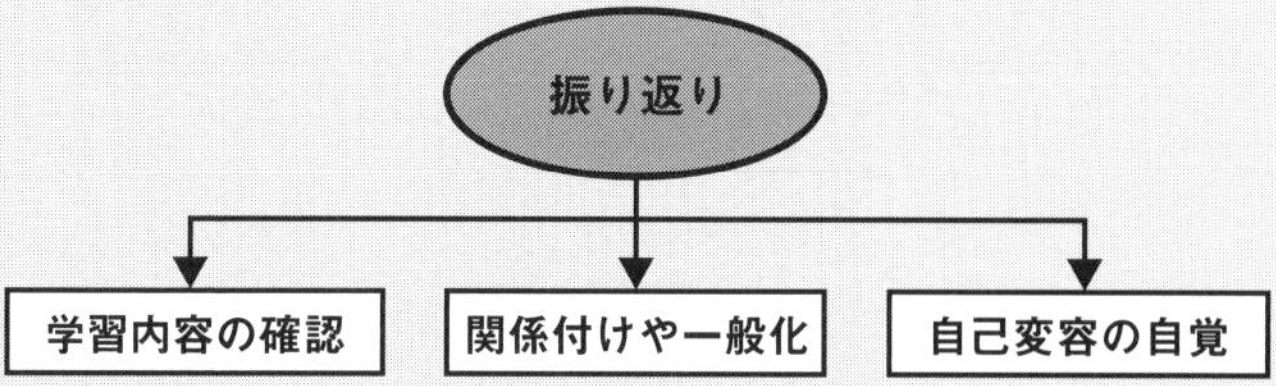

図2　振り返り

2 「対話的な学び」を実現する

「対話的な学び」については、異なる多様な他者との学び合いを重視することが大切になる。学習のプロセスを質的に高めていくとともに、他者と力を合わせた問題の解決や協働による新たなアイディアの創造が求められているからである。ＰＩＳＡの「協同問題解決能力」の調査が行われたように、問題の解決場面においては、自分一人で行うのではなく、多くの人の参加による協働で解決に向かって取り組んでいくことが大切になる。

このような多様な他者との対話には、次の三つの価値が考えられる。一つは、**他者への説明による情報としての知識や技能の構造化**。子供は身に付けた知識や技能を使って相手に説明し話すことで、**つながりのある構造化された知識や情報へと変容**させていく。

二つは、**他者からの多様な情報収集**。多様な情報が他者から供給されることで、構造化は、一層質的に高まるものと考えられる。

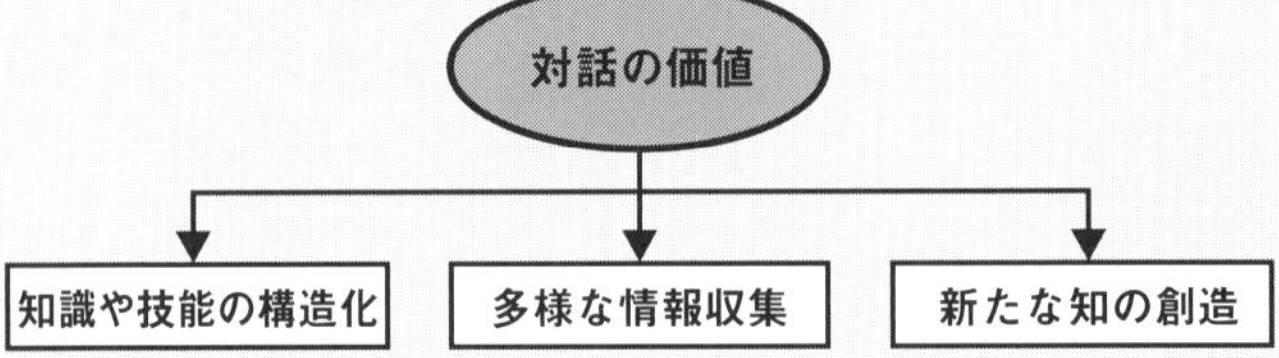

図３　対話の価値

三つは、**他者と共に新たな知を創造する場を生み出すとともに、課題解決に向けた行動化**も期待できる（図３）。

こうして、子供同士が共に学び合う相互作用によって、子供の学びを豊かにするためには、次の三つに配慮したい。

一つは、子供が、どのような知識や情報をもっているか
二つは、子供は、どのように知識や情報を処理するか
三つは、子供に、どのような成果物を期待しているか

子供は、自分自身のもっている知識や情報、他者のもっている知識や情報、それ以外の外部リソースによる知識や情報を、**比べたり、関連付けたりして処理し再構成**していく。その結果として、新しい考えを生成する。こうした相互作用の場面を、**情報を入力する内化の場面**、**情報を処理する場面**、**情報を出力する外化の場面**の三つに分けて想定することによって、豊かに「広がる」対話の場面を構成することが大切になってくる。

実際の授業においては、情報の質と量、再構成の方法などに配慮した上で、具体的な学習活動や学習形態、学習環境を用意しなければならない。例えば、思考ツールなどは、まさに音声言語による対話的な学びを質の高い学びへと導いていくものと期待できる。なぜなら、情報が「可視化」され「操作化」されることで、自ら学び共に学ぶ主体的で対話的な子供の姿が具現されるからである。授業改善の工夫によって、思考を広げ深め、新たな知を創造する子供の姿が生まれるのである。

3 「深い学び」を実現する

「深い学び」については、これまで以上に学びのプロセスを意識することが求められる。**問題を解決するプロセス、解釈し考えを形成するプロセス、構想し創造するプロセス**など、教科等固有のプロセスが一層充実するようにしたい（図4）。なぜなら、学習のプロセスにおいては、それまでに学んだことや各教科等で身に付けた知識や技能を活用・発揮する場面が頻繁に生み出されるものとして期待できるからである。

「深い学び」の実現のためには、身に付けた知識や技能を活用したり、発揮したりして関連付けることが大切になる。だからこそ、明確な課題意識をもった主体的で文脈的な学びで

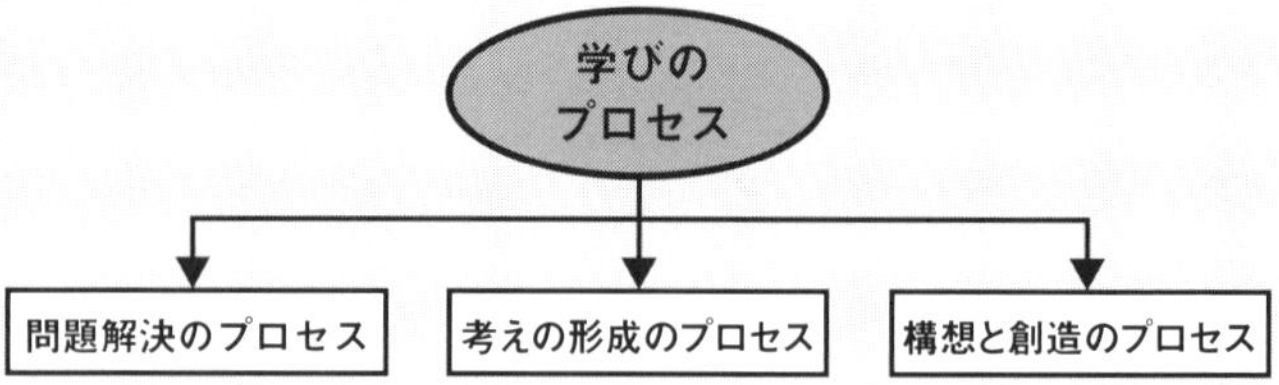

図4　学びのプロセス

知識や技能のつながりを生むことが必要であり、情報としての知識や技能を対話によってつないで再構成する処理場面の活性化なども重要となる。また、学習活動を振り返り、体験したことと収集した情報や既有の知識とを関連させ、自分の考えとして整理し意味付けたり、それを自覚したり共有したりすることも大切になる。

このように考えていくと、「主体的な学び」「対話的な学び」が「深い学び」に大きく関与していることが理解できるのではないか。「主体的な学び」や「対話的な学び」は、それ自体に意味があり価値がある。それ自体を目指すことが大切である。しかし、それらが、「深い学び」の実現に向かうような確かな学びになっているかどうかが極めて重要になってくる。

「主体的な学び」「対話的な学び」「深い学び」は大切な視点であり、三つの視点は連動して学習過程を質的に高める重要な授業改善の視点である。一方、一つ一つの視点が、それぞれに重要な視点ではあるものの、とりわけ「深い学び」の視点を意識して授業を改善していくことが求められていることを、ここで確認しておきたい。

本書は、学習指導要領改訂の最大のキーワードの一つである「主体的・対話的で深い学び」、とりわけ、最も重要であるにもかかわらず、最もイメージしにくいと言われる「深い学び」を取り上げ、その具体を明らかにしていくことを試みている。そのことが、多くの実践者の熱意溢れる実践のささやかな手助けになればと考えてのことである。そして、そうした豊かな実践の響き合いが、日本全国の教育実践の質的向上につながればと考えている。

第一章「知識が『駆動』する」では、知識を中心に「深い学び」を四つのタイプに分けて整理することを試みる。第二章「『深い学び』にアプローチする子供の姿」では、小・中学校の各教科等における「深い学び」のケースを一〇事例用意し、その姿と姿を生み出した要因を分析する。第三章「『深い学び』を具現する授業デザイン」では、授業のプロセスに加えて、展開における学び合い、終末の振り返りについて考えていく。第四章「『深い学び』を支えるチーム力」では、求められる教師力とそれを支えるチーム力について記していく。

本書が、新しい学習指導要領の改訂を真っ正面から受け止め、新しい授業実践に立ち向かおうとしている教師にとって、少しでも役に立つことができれば幸いである。そして、各地の「深い学び」を志向した授業改善へのチャレンジが、一人一人の子供の真剣な表情、にこやかな笑顔につながることを期待している。

第１章

知識が「駆動」する

「主体的」「対話的」「深い」という三つの学びの姿は、個別バラバラではなく、一体となって現れる姿であることは、新学習指導要領の記述から見ても明らかである。また、どの視点も欠かすことのできない重要なものであり、それぞれが実現を目指すべき学びの姿と考えることが大切だ。しかしながら、「深い学び」については、「主体的な学び」「対話的な学び」に比べて分かりにくさがあるとの指摘もある。また同時に、「深い学び」こそが重要である、との声も多い。第1章以降の本編からは、その「深い学び」をクローズアップして考えていくこととする。

- 宣言的な知識がつながるタイプ
- 手続き的な知識がつながるタイプ
- 知識が場面とつながるタイプ
- 知識が目的や価値、手応えとつながるタイプ

学びがネットしたその先に、知識の宇宙が広がる。

「深い学び」と資質・能力の育成

1 「深い学び」と「見方・考え方」

「主体的・対話的で深い学び」をめぐっては、二〇一四年の文部科学大臣諮問「初等中等教育における教育課程の基準等の在り方について」(以下、「諮問」)の段階では「主体的・協働的に学ぶ学習(いわゆる『アクティブ・ラーニング』)」と記されていた。それが二〇一五年の「教育課程企画特別部会　論点整理」で「深い学びの過程」「対話的な学びの過程」「主体的な学びの過程」となり、最終的には「主体的・対話的で深い学び」と表現されるようになっていく。ここでは、子供が前のめりになって、本気で、真剣な学びを実現することの大切さとして「主体的な学び」が記されている。また、様々な考えをもつ多くの人々との対話を行うこと自体の価値として「対話的な学び」が記されている。

この二つの学びは極めて重要であり、授業において実現すべき学びと考えるべきであろう。しかしながら、いくら前向きであったとしても、対話が活発に行われたとしても、その学びが期待する各教科等の目標や内容に向かっていなければ、その学びには疑問符が付くことになる。その学びが這《は》い回り、高まりを見せるものでなければ、期待する学びとは言えないのである。ここに「深い学び」が生まれてきた価値がある。この**「深い学び」を示すことによって、各教科等の固有性や本質を視野に入れた質の高い学びを目指すことが明確になった。**

さらには、この「深い学び」をはっきりさせるために「見方・考え方」というものが示されることとなる。「答申」には、次のように表現されている。

「アクティブ・ラーニング」の視点については、深まりを欠くと表面的な活動に陥ってしまうといった失敗事例も報告されており、「深い学び」の視点は極めて重要である。学びの「深まり」の鍵となるものとして、全ての教科等で整理されているのが、第5章3．において述べた各教科等の特質に応じた「見方・考え方」である。

この「見方・考え方」の具体については、「答申」の第5章で次のように記されている。

その過程においては、〝どのような視点で物事を捉え、どのような考え方で思考していくのか〞という、物事を捉える視点や考え方も鍛えられていく。こうした視点や考え方には、教科等それぞれの学習の特質が表れるところであり、（中略）

こうした各教科等の特質に応じた物事を捉える視点や考え方が「見方・考え方」であり、各教科等の学習の中で働くだけではなく、大人になって生活していくに当たっても重要な働きをするものとなる。私たちが社会生活の中で、データを見ながら考えたり、アイディアを言葉で表現したりする時には、学校教育を通じて身に付けた「数学的な見方・考え方」や、「言葉による見方・考え方」が働いている。

さらに、次のような記述もある。

「見方・考え方」には教科等ごとの特質があり、各教科等を学ぶ本質的な意義の中核をなすものとして、教科等の教育と社会をつなぐものである。

その上で、文部科学省編『初等教育資料』（二〇一七年一一月号、東洋館出版社、六 - 七

ページ）においては、文部科学省の考えとして次のようにも記載されている。

> 今回の学習指導要領改訂では、育成を目指す資質・能力は三つの柱に沿って各教科等で整理されており、「見方・考え方」それ自体は資質・能力には含まれるものではない。すなわち、「見方・考え方」は、あくまでも、「資質・能力」を育成していく上で活用すべき視点・考え方であり、例えば、今後検討を深めていく学習評価の仕組みにおいても、評価の対象となるのはあくまでも資質・能力であり、「見方・考え方」それ自体を評価の対象項目とすることは予定されていない。

こうした整理を受けて、「見方・考え方」を明確にすることを試みる。既に示されている各教科等の「見方・考え方」を前提とした上で、育成を目指す資質・能力の三つの柱を視野に入れて、「見方・考え方」を検討していくとすれば、次のように考えることができる。

そもそも「見方・考え方」は教科の本質、その中核である。したがって、「見方・考え方を働かせる」ことは、教科等固有の学びに向かっていくことであり、「見方・考え方」は、教科等固有の学び、または、その有り様と考えるべきであろう。各教科等には、それぞれに固有の学びの様相がある。ズバリと一言で、**その教科等の存在意義や価値を示すことのでき**

る学びの有り様を「見方・考え方」と考えていく。

各教科等の固有の学びの有り様を端的に示してみるならば、以下のようなイメージをもつことができる。

国語科であれば、言葉や文章に目を向けて、言葉の意味を問い直し自覚すること。社会科であれば、社会事象に目を向けて、社会の機能を追究すること。算数科や数学科であれば、数理に目を向けて、論理的に考えること。理科であれば、自然事象に目を向けて、科学的に探究すること、などである。

総合的な学習の時間で、稲作をしながら食糧生産について探究していく子供の学びを例に考えてみよう。稲を栽培し、その生育過程を記録し、気温や日照条件などと関係付けて学ぶことは理科の「見方・考え方」を活用している。栽培品種の地域的な広がりを地形や物などと関連付けて学ぶことは社会科、米のもつ独自の栄養価を自分の食生活に生かそうと学ぶことは家庭科である。同じ事物や現象でも、各教科等の「見方・考え方」を活用することで、多様に事象を捉え、幅広く認識し、豊かに関わることにつながる。私たちは、こうして**日々の暮らしや生活の中において、各教科等の「見方・考え方」を働かせていく**のである。

こうした「教科等固有の学びの有り様」こそが、教科等の本質的な意義の中核をなすものと考えることができる。だからこそ、**教科目標の冒頭に示す必要**があり、教科等に固有の学

■「教科等固有の学びの有り様（教科の本質）」
・見方：どのように対象を捉えるか
（教科等固有の対象を捉える視点）
・考え方：どのように対象と関わり、対象に迫るか
（教科等固有のアプローチの仕方、プロセス）

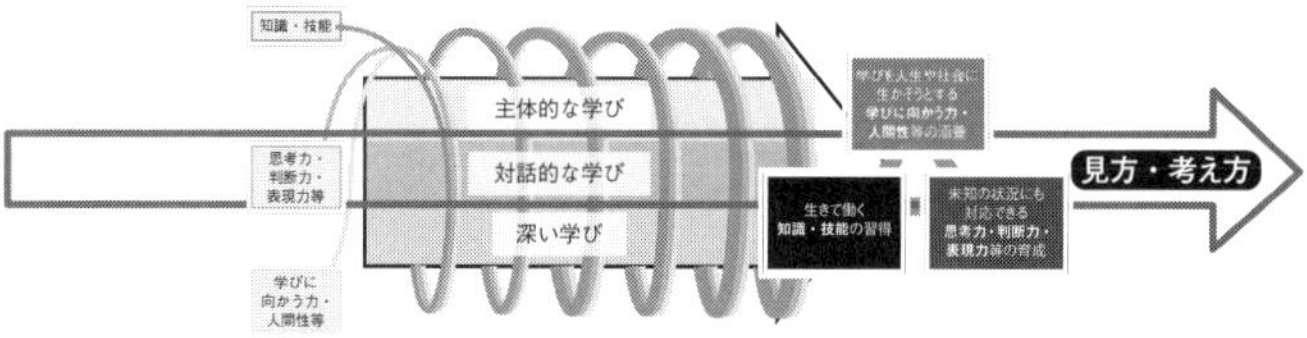

資料３　見方・考え方

びが確かに実現されるために「見方・考え方を働かせる」ことが求められている。そして、そのことこそが、各教科等で示している資質・能力の育成につながると考えることができる。

「見方・考え方を働かせる」ことが、各教科等に固有の、教科等独自の学びを実現する。その学びこそが「深い学び」を具現し、各教科等で育成を目指す資質・能力を、確実に、そして、着実に育成していく。

この「見方・考え方」は、一連のひとまとまりの言葉として表現されてはいるものの、あえて分けて記すれば、「見方・考え方」の「見方」とは、どのように対象を捉えるかといった教科等固有の**対象を捉える視点**とすることができる。一方、「見方・考え方」の「考え方」とは、どのように対象と関わり、どのように対象に迫るかといった教科等固有の**アプローチの仕方やプロセス**とすることができる。別の言い方をす

れば、「見方・考え方」は、**各教科等の特質に基づいて対象を捉え、認識したり、働きかけたりする、教科等に固有の学びの有り様**と考えることができる。

この整理に基づいて考えるならば、例えば生活科における「見方・考え方」を示すとすれば、自分との関わりで対象を捉え、思いや願いを実現しようとすること、と考えることができる。

また、総合的な学習の時間では、他教科等の見方・考え方を活用するとともに、対象を俯瞰して捉え、課題を探究しながら自己の生き方を問い続けることと考えることができる。「見方・考え方」は、教科等の本質的な意義の中核である。微細に、精緻に、整理し分析するよりも、骨太に、緩やかに捉えることを忘れないようにしたいものである。

2 プロセスが具現する「深い学び」

前述のとおり、「深い学び」は学習過程としてのプロセスが大切なポイントになる。

例えば、生活科において資質・能力を育成する学習過程としては、まず好奇心や探究心、対象への興味や親しみ、憧れなどからくる**「やってみたい」「してみたい」「できるようになりたい」**といった思いや願いをもつ、ということがある。プロセスとは、それらを叶えるために具体的な活動や体験を行い、直接対象と関わる中で感じたり考えたりしたことを表現したり、行為したりしていく過程と考えることができる。

例えば、総合的な学習の時間では、「①課題の設定」→「②情報の収集」→「③整理・分析」→「④まとめ・表現」の探究の過程を通して自己の生き方を問い続ける姿としてイメージすることができる。これらの学習過程は、各教科等によって違いがあり、国語科のような解釈・形成のプロセス、社会科のような問題発見・解決のプロセス、図画工作科のような構想・創造のプロセスなどと整理することもできる。

ちなみに、「深い学び」については、「答申」では本書一八ページにも示したように、「習得・活用・探究という学びの過程の中で、各教科等の特質に応じた『見方・考え方』を働かせながら、①知識を相互に関連付けてより深く理解したり、②情報を精査して考えを形成したり、③問題を見いだして解決策を考えたり、④思いや考えを基に創造したりすることに向かう『深い学び』が実現できているか（丸数字は筆者）」と記されてきた。

①で知識相互の関連付けを明確に言及した後の②、③、④の三つは、先に示した各教科等の学びのプロセスが記されていると考えることができる。やはり、**プロセスを意識することは「深い学び」にとって重要**なのである。

3 「深い学び」を知識中心に捉え直す

「深い学び」とは、子供たちが習得・活用・探究を視野に入れた各教科等固有の学習過程（プロセス）の中で、それまでに身に付けていた知識や技能を存分に**活用・発揮し**、その結果、知識や技能が相互に**関連付けられたり組み合わされたりして、構造化したり身体化したりしていくこと**と考えることができる。その結果、知識や技能はより深く理解されることに至り、異なる状況でも活用できるものとなり、好ましい方向に向けて安定的で持続的なものとして育成され確かになっていく。具体的には、「資質・能力の三つの柱」に沿って、次のように考えることができる。

「知識・技能」については、各教科等で習得する「知識・技能」が相互に関連付けられ、社会の中で生きて働くものとして形成されるようにすることが大切である。具体的な事実に関する知識、個別的な手順に関する技能に加えて、複数の事実に関する知識や手順に関する技能が関連付けられ、統合されることによって、それらは概念として形成される。

「思考力・判断力・表現力等」は、「知識・技能」が未知の状況において自在に活用できることと捉えることができる。具体的には、身に付けた「知識・技能」の中から、課題の解決に必要なものを選択したり、状況に応じて適用したり、複数の「知識・技能」を場面に応じて組み合わせたりして、自在に活用できるようになっていくことを「思考力・判断力・表現力等」が育成された状態と考えることができる。

「学びに向かう力・人間性等」についても、よりよい生活や社会の創造に向けて、自他を尊重すること、自ら取り組んだり異なる他者と力を合わせたりすること、社会に寄与し貢献することなどの適正かつ好ましい方向に「知識・技能」が活用できるようになることと考えることができる。

新学習指導要領においては、**「知識・技能」が構造化されたり、身体化されたりして高度化し、適正な態度や汎用的な能力となっていつでもどこでも使いこなせるように動いている状態、つまり「駆動」しているような状態**となるよう身に付いていくことこそが重要なのである。

4　知識・技能の構造化

「深い学び」を分かりやすく考えるために、知識・技能をどちらも知識と捉えて整理しイメージしてみよう。

知識には、**「○○は△△である」「○○ならば□□である」という宣言的な知識**がある。例

えば、「鎌倉幕府の最初の征夷大将軍は源頼朝である」とか「日本の首都は東京である」などの知識である。この宣言的な知識は言葉で表現されるもので、知識といえば、宣言的な知識をイメージすることが多かった。

それに対して、知識には、**手続き的な知識**と呼ばれるものもある。手続き的な知識は、行為などに関する知識であり、自転車の乗り方やシャツの着方、箸の持ち方などのように、繰り返し行ってきたことによって**無意識のうちにできるようになったテクニック、手順が可能になる知識**である。「やり方」に関する知識と言うこともでき、いわゆる「技能」は、この手続き的な知識の集合体と考えることもできる。先に示した箸の持ち方なども、詳しく分解すれば知識として言語化することも可能で、多くの場合、それらが連続し、身体と一体となることによって無意識のうちに行為できるようになる。これを「技能が身に付いた」などと言うことが多い。

① 宣言的な知識がつながるタイプ

生活科における子供の姿を例に、宣言的な知識がつながり構造化するイメージを明らかにしてみよう。

> 一人一人の子供が、異なる夏野菜を栽培してきた学級では、毎日の水やりや草取りなどの世話を繰り返すうちに、「ミニトマトもナスもキュウリも、どれもはながさいたところにみがなります。べつのやさいもみんなおなじです」「でも、つるがのびるのはキュウリだけです」と、実感のこもった言葉で伝える姿が生まれてきた。子供は、それぞれの野菜の特徴を関連付け、植物の斉一性や多様性に気付いていった。

子供は、野菜の栽培活動を通して、ミニトマトに花が咲くことに気付く。実際の活動を通して事実的で個別的な知識を

獲得していく。学級菜園での様々な野菜の生長を観察しているうちに、ナスの生長過程にも、キュウリの生長過程にも同じように花が咲くことに気付く。しかも、どれも花が咲いたところに実がなることを体験を通して実感的に知り、理解していく。毎日毎日、野菜の生長を楽しみにしながら取り組んできた栽培活動の中で起きたこの出来事に、子供は大いに驚き、大いに頷き、どの野菜にも「花が咲いたところに実がなる」という、**より高次な概念的知識を獲得し、言葉にする**ようになる。

町探検で図書館に出かけた子供は、

「としょかんは、とってもしずかでした。あさいっても、おひるにいっても、おやすみのひにいってもしずかでした。いつもしずかにほんをよむところです。としょかんにいったときは、わたしもしずかにほんをよみたいとおもいます」

と話し、公共施設のルールや機能、自分自身の行為に関心を向ける姿が生まれてきた。子供は、施設の共通点や相違点に気付いたり、時間経過の中で変わることや変わらないことを発見したりしていった。

市民の利用する公立図書館の雰囲気は、初めて入った子供には新鮮で神聖な感覚をもたらす。そんな静寂の空間が、いつ訪れても繰り返されることから、子供は**「周りの利用者のことを考えて使う」という高次な知識**に気付き、自分もそのように行動したいと願うようになる。こうして子供は、**対象に固有な事実的な知識をつなげて、概念的で構造的な知識へと高めていく**。先に示した子供の姿から、そのことが理解できるのではないだろうか。

一つ目の事例は、子供が複数の対象の知識をつなげ、広げているのに対して、二つ目の事例は、単一の対象の時間差による事実をつなげている。しかも、そうして構造化された知識は、自らの行為を誘発しようとしているところが興味深い。構造化された知識は、自らの行動や行為に影響を及ぼすことが考えられる。

ダイズを育ててきた子供の話合いでは、家のおじいちゃんに聞いてきたと言いながら、

「ダイズはさやのなかではおへそとおへそがくっついていて、おへそからえいようをもら

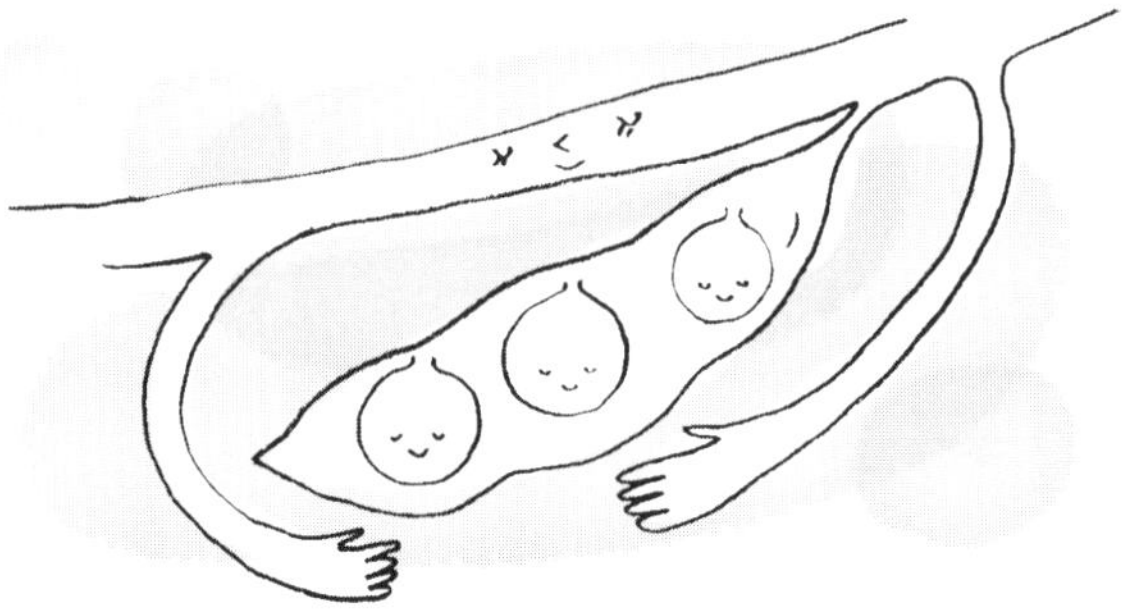

っているんだって」と発言する子供がいた。すると、

「それなら、ダイズのおやはえだで、ダイズがそのこどもだね」

と、他の子供の発言が続いた。最後には、

「なんか、にんげんみたいだね」

と、うれしそうな発言が生まれた。こうして子供は、対話しながら生命のつながりについて明らかにしていった。

子供が**対話を通して別々の事実的な知識をつなげている**ことが分かる。子供は**言葉を駆使して、多くの知識や情報をつなげ、知識や認識の質を高めていく**のであろう。そうやって、自分のもっている知識のみではなく、他者や外部リソースからの知識を生かしていくのであろう。

以上のように、宣言的な知識がつながるタイプには大きく分けて二種類存在する。

一つは、個別の事実としての知識が組み合わさって、「ど

の植物も花が咲いたところに実がなる（斉一性）」「図書館はみんなの場所である（公共性）」というように、概念的な知識へと構造化されていくものである。

もう一つは、中核となる知識（「中心概念」とも呼べる）に事実としての知識が結び付いたり、つながったりして構造化されていくものである。例えば、子供がはじめからもっていた「子供は親から生まれてきた」とする生命観が、「ダイズにも命があり、循環している」ことの発見によって、「様々なものに命があり、循環している」と膨らんでいく。

この両者に共通する特徴は、知識が「ネットワーク化」していくことにある。個別のピースがつながって、知識の階層が質的に高まることとイメージすることができる。この知識の階層が何層にも重なり構造化した状態になっていくことが概念的な知識の形成であり、そのような状態に向かうことを「深い学び」と考えることができる。

図解①-1　宣言的な知識がつながるタイプ

【ネットワーク型Ⅰ】

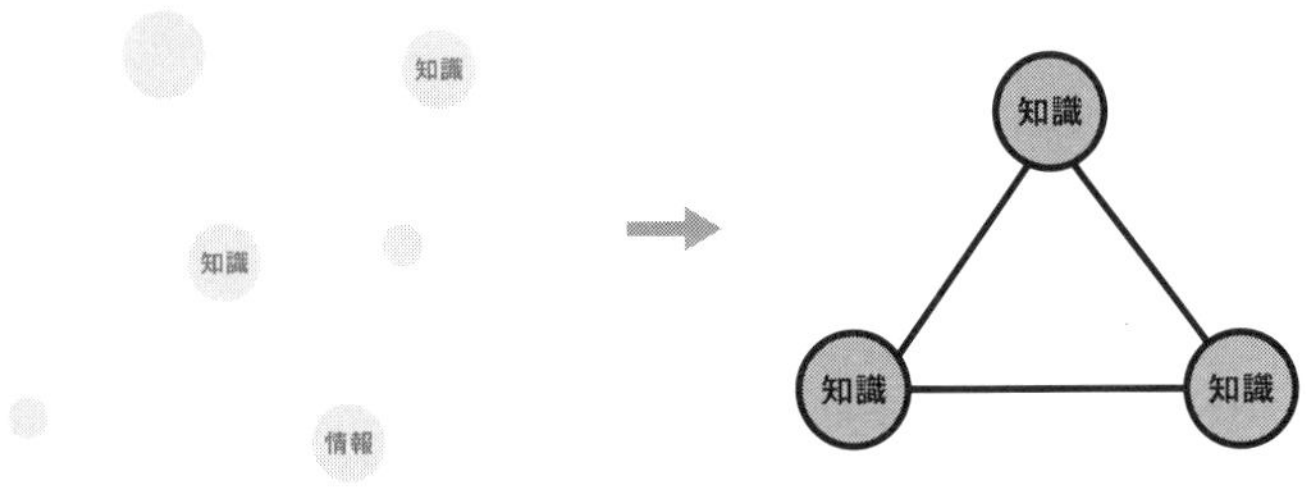

1	様々な活動を通して、「○○は△△である」などの事実的で個別的な知識のピースを得る。
2	バラバラに思われた知識のピースが互いに関係し合っていることに気が付き、結び付けられるようになる。
3	さらにたくさんの知識が相互に結び付いていくことで質はよりよくなっていく。
4	知識の階層が上がり「概念化」していく。

図解①-2　宣言的な知識がつながるタイプ

【ネットワーク型Ⅱ】

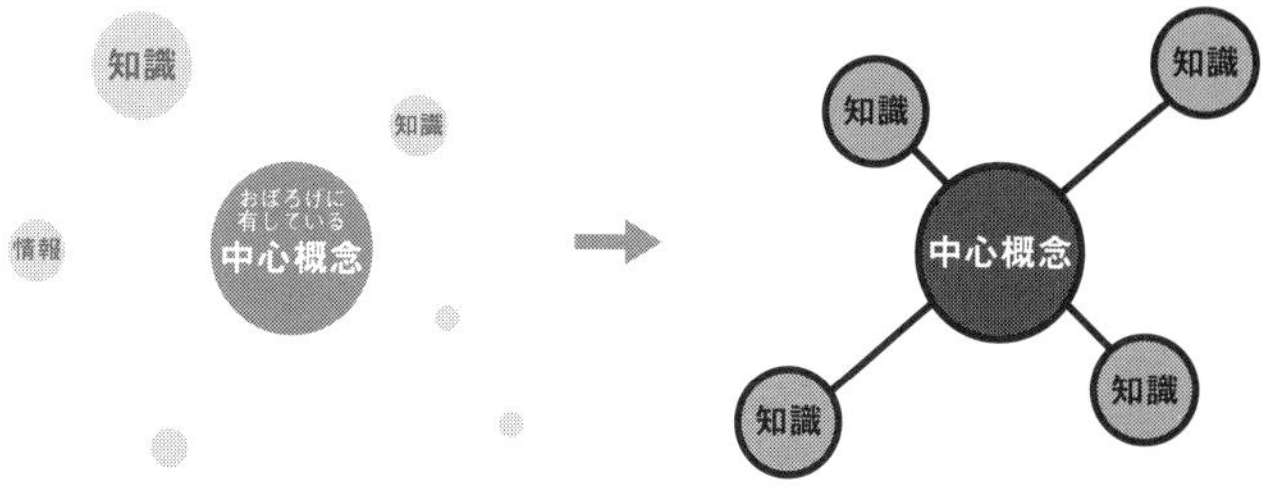

1	子供はおぼろげにイメージできるような中心的な知識（中心概念）を既に有している。
2	対話など、言葉を駆使して得た事実的で具体的な多くの知識をつなげ、認識の質を高めていく。
3	既に有している中心概念と具体の知識をつなげ、より高次の概念を描く。

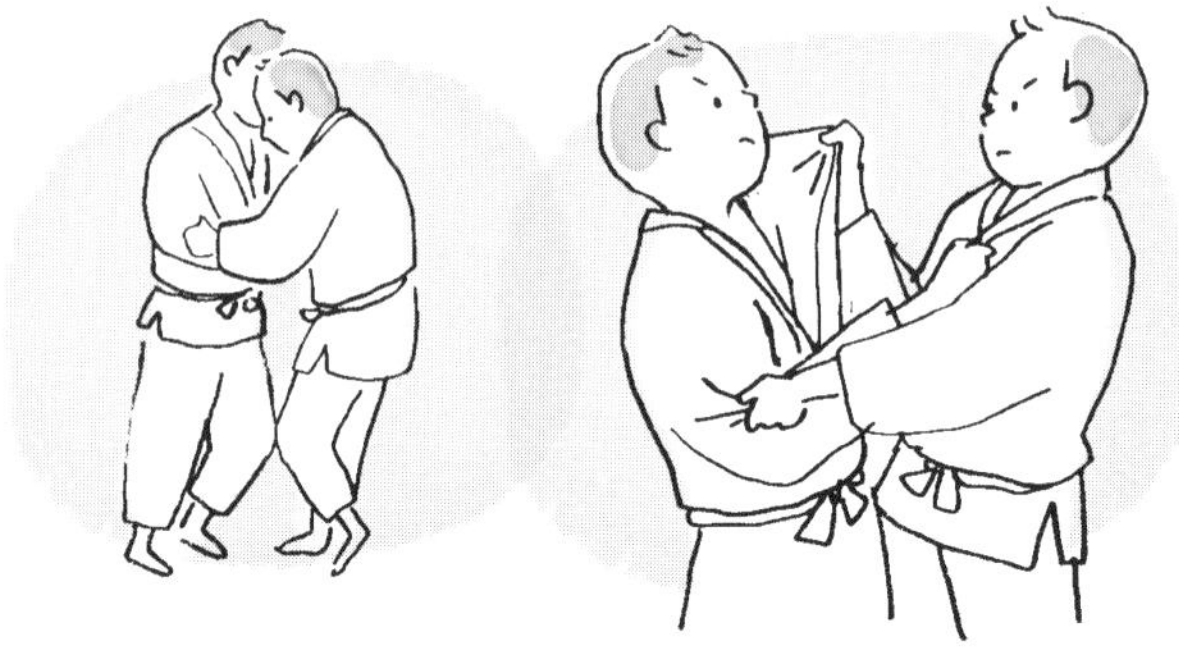

② 手続き的な知識がつながるタイプ

中学校保健体育、柔道の授業における子供の姿を例に手続き的な知識がつながり、構造化するイメージを明らかにしてみよう。


柔道の内股の授業。内股のポイントは四つあり、子供は、次の四つのポイントを視点に内股の練習を行った。

一つは、腕の使い方。

二つは、足の使い方。

三つは、間合いの取り方。

四つは、踏み込み方。

授業後、その四つのポイントを丁寧に説明してくれた子供に聞いてみた。

「四つのポイントが大事なことはよく分かったけれど、一番大事なポイントはどれですか?」

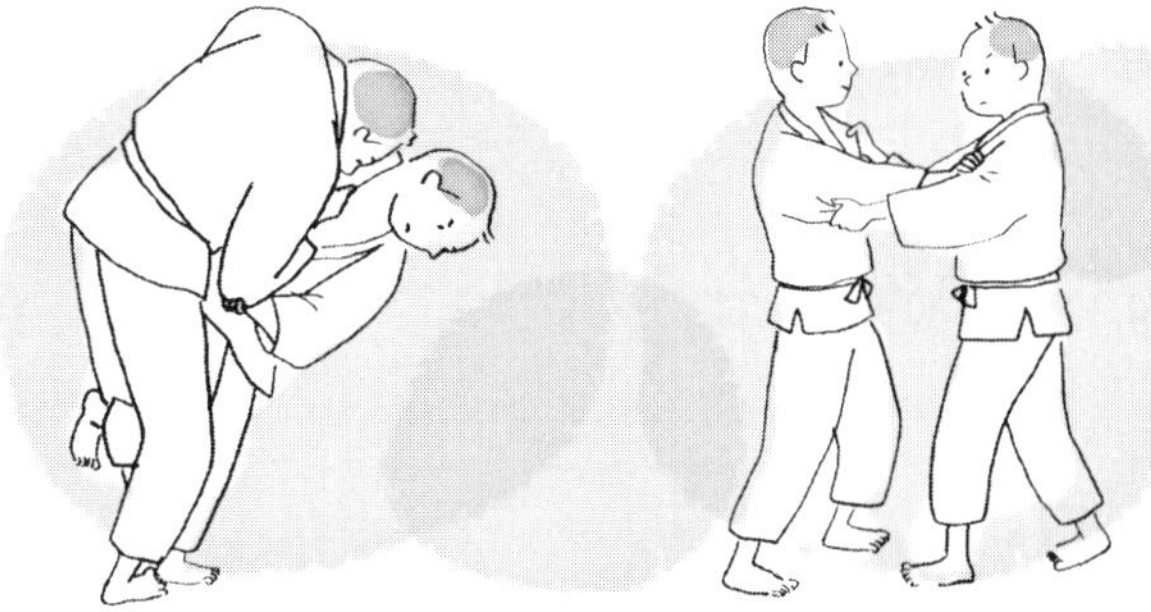

すると、その子は頭を抱えて悩み始めた。

「一番ですか？　うーん。困ったなあ。腕があるから間合いが取れるような気がするし、間合いがあるから、踏み込めるようにも思う。どれが一番かはなかなか決めにくい」

そこで、また、尋ねてみた。

「じゃあ、大事な順番はありますか？」

すると、

「大事な順番ですか？　やっぱり決められません」

そんな会話を繰り返した後に、その子供が、急に思いついたように私に話した。

「さっきまで四つのポイントはバラバラだったんだけど、バラバラに学んだことがまとまった感じがする。頭の中でピースが組み合わさったみたいな気がする」

さらに、

「なんか、すっきりした。きっちりと内股で投げられそうな気がしてきました」

と、つぶやいた。

ここでは、内股を適切に行うための**四つのポイントとなる知識を子供がつなぎ合わせ、連動させて、一体的な知識の体系としていること**が理解できるのではないだろうか。授業における内股の練習では、四つのポイントを別々に練習し、それぞれが独立した状態で存在していた。しかし、授業後、「一番大事なポイントは?」「大事な順番は?」との問いかけに対して、丁寧に振り返り、熟考を重ねたことによって、個々別々の手続きに関する知識が、関連付いて構造化された知識になっていったと推測することができる。

このように**手続き的な知識は、連続し、パターン化した一連の知識構造になること**が考えられる。例えば、陸上の走り幅跳びについては以下のような手続き的な知識が存在している。

①踏み切りのおよそ三歩前から歩幅を短くし、
②重心を下げながら踏み切り板を上方からたたくように踏みつけ、
③踏み切りの反対足のひざを素早く前方に引き上げ、
④踏み切り足も素早く身体に引き付ける。

これらが連続して、走り幅跳びというパフォーマンスになると考えることができる。

こうした知識の構造に見られる特徴は、連続しパターン化するだけではなく、**身体と一体となって、無意識のうちに自動的に行為できるようになるもの**が多いということだ。例えば、算数の計算のアルゴリズム、音楽の楽器の演奏、家庭科の調理の技能などをイメージすることができよう。

「パターン化」については、「身体化」されたり、「自動化」されたりしていく質の高まりをイメージすることができる。自分の身体と一体になってなめらかな行為へとつながる「身体化」。その行為が無意識のうちに「いつでもどこでも同じように」できるようになる「自動化」。手続き的な知識は連続しパターン化しながら、その質が高まるように「深い学び」に向かって構造化されていく。結果として、技能は「習熟」の方向に向かっていく。

技能の「習熟」とは、無意識のうちに、安定的かつ、巧みにできるようになるということであろう。この「習熟」は、これまで繰り返し練習によって実現されてきた。しかも、これまではとにかく練習を重ねるスパルタ式のトレーニングが行われてきた傾向もある。しかし、少ない練習の回数で成果が上がる指導こそが期待されるべきである。そこには、「コツ」のような「知識」がある。あるいは、「早道」のような学ぶ順序の「知識」があるのだろう。そういった「コツ」のような知識を教師が理解しているかどうかで、指導の方法や質は変わるのではないか。

図解② 手続き的な知識がつながるタイプ

【パターン型】

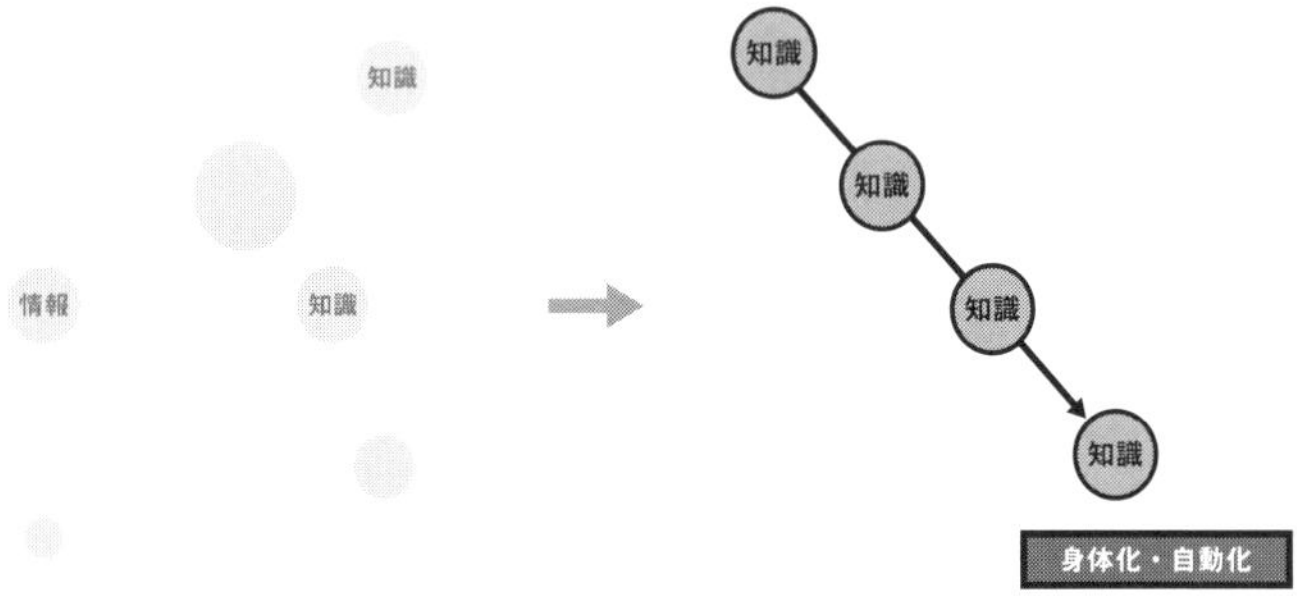

1	やり方や手順に関する知識は、詳細に分解し、言語化することが可能。それらがつなぎ合わされ、一方向で連続される。
2	バラバラだった知識が連続されることで、一連のパターン化した知識構造となる。
3	パターン化したまとまりの技能が、より質が上がり高度化されると、よりなめらかに動けるようになる。
4	無意識のうちに、いつでもどこでも、どのような場でも、巧みに行為できるようになっていく(=「自動化」される)。

③ 知識が場面とつながるタイプ

知識の構造化については、**知識が新たな場面や異なる状況とつながること**も考えておきたい。多くの個別的で事実的な知識は、各教科等での学びにおいては、それぞれの教科等に応じた特別な場面や状況で学んでいく。

例えば、面積の学習をする場合、正方形や長方形などの極めて整った状態の図形をイメージして、「縦×横」などの公式を導き、限定的な練習問題でその公式を確かにしていく。このこと自体はとても重要で、求積公式を用いるにふさわしい状況を用意し、求積公式を使用するのに最も最適な事象から四角形の面積の求め方を明らかにし、それを自覚し、自らのものとして獲得していくわけである。三角形においても同様に獲得されるとともに、さらに三角形では、四角形の面積の求め方を活用して三角形の面積を求めていく。

こうした知識は、台形の求積公式の学習場面で、積極的に活用されることになる。台形の面積の求め方を学習する際には、分けて求める方法、足して求める方法、移動して求める方法などを、子供が具体的なアイディアとして出すことが多い。子供は「分ける」「くっつける」「切る」などと言いながら、既に習っている図形に分解したり、合成したりして解決に向かって考え、判断し、表現していく。つまり、三角形の面積を求める際に四角形を使った経験や、三角形や四角形の面積の求め方を、繰り返し活用したり発揮したりして考えることになる。これは、既にもっている知識を新たな場面や異なる状況とつなげることと考えることができる。知識は限定的な一場面で使われるだけではなく、様々な場面や状況で活用され、発揮されることによって、それぞれの場面や状況とつながり、いつでもどこでも自由自在に使える、汎用的な状態の知識になっていくのである。

このような「深い学び」について、中学校三年生の理科、エネルギーの変換効率での子供の姿を例に、知識が異なる場面や状況とつながる姿についてイメージしてみよう。

エネルギーの変換効率（＝燃焼〔反応〕させるエネルギーのうち、どれだけのエネルギーが回収できるかという比率）では、最初のエネルギーが、電気エネルギーになったり、熱エネルギーになったり、音エネルギーになったりして失われる。

例えば、五〇〇グラムの重りを一メートルの高さに持ち上げた時の重りが持っているエネルギーは五ジュールだが、その五ジュールが落下の途中で熱エネルギーになったり、音エネルギーになったりして失われる。そこで、おおもとのエネルギーの何％かが失われて、最後に何％かが電気エネルギーとして変換装置で測定されるという実験を行った。

授業では、「もとのエネルギーの何％が電気エネルギーになり、途中で何％が失われたのか？」を学習していく。実験では、重りや高さを二倍にしたり三倍にしたりすることで変換効率（＝比率）は変わるかどうか、を予想した。エネルギーとしては、おおもとが倍になっても、途中で失われる熱エネルギーや音エネルギーも同じように二倍になるので、結果は一緒になる。つまり変換効率（＝比率）は変わらない。

ところが子供からしてみると、おおもとが二倍になるのだから、変換効率も大きくなるのではないかと誤解する子供もいる。ある子供は、変換効率も二倍になると考えていたが、実験の結果、変換効率が変わらなかった。本人は「変だな」と考えていたが、授業後のやり取りを通して次のように語るようになった。

「重りが二倍だから、最初のエネルギーも二倍。音や熱などもきっと二倍になっている。きっと、変換効率は変わらないはず。電気エネルギーだけではなくて、音エネルギーや熱エネルギーも大きくなった。全てをひっくるめて考えるといいことが分かった。一方が二倍三倍になるともう一方も二倍三倍になる。これまでの理科や数学の学習と関係がある。オームの法則とか、天秤とか……」

「全てをひっくるめて考えるといい」とは、変換前のエネルギーと変換後のエネルギーの

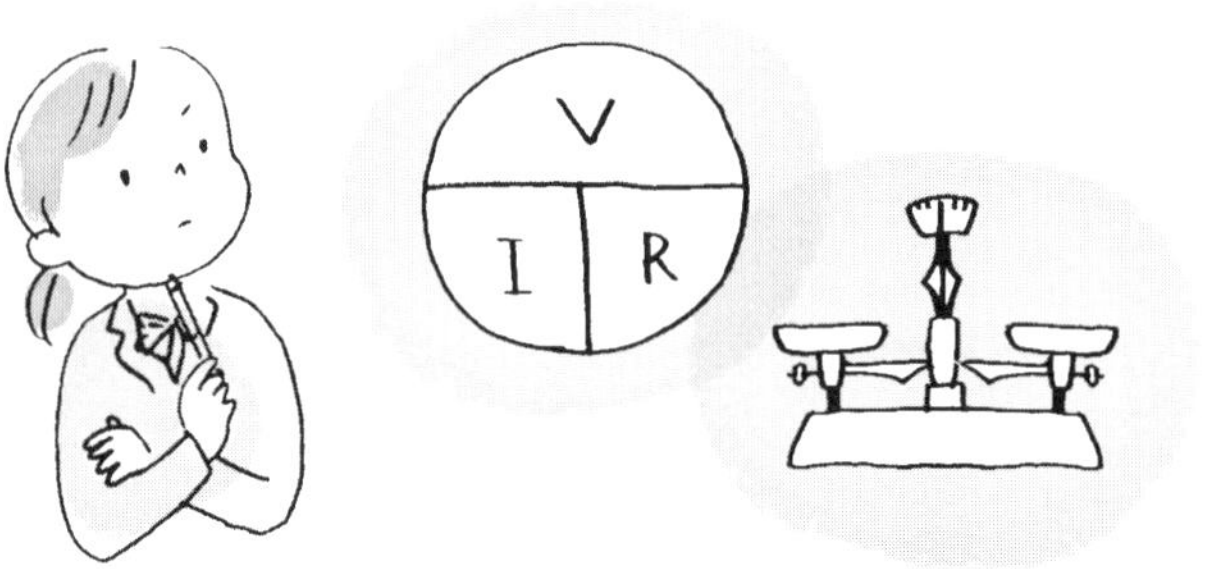

全体の量が変わらない。つまり、総量は保存されるとする考えを、天秤の左右にものを乗せた際のつり合いの場面とつなげてイメージしていると捉えることができる。また、重りや高さを二倍にして、最初のエネルギーを二倍にした時には、熱エネルギーや音エネルギーも二倍になることはオームの法則での学習と関連付けている。さらには、「これまでの理科や数学の学習と関係がある」と語り始め、理科で獲得した知識のみならず、数学における比例の概念も活用していることが分かる。

総じて、自分が獲得した知識が、「もう一回使われている」ということになる。特定の場面で獲得していた知識が、あそこでもここでも使える。そんな気付きのある事例だと言える。

「**あの時にも学んだ**」
「**あの場面でもやった**」
「**今回の場面も同じだ**」

そんな感覚と気付きを通して、知識が場面や状況とつながっていくのではないだろうか。そして、「**この知識は、いつでも使えそうだ**」と、汎用的で自由自在に活用・発揮できる知識、つまりは**「駆動する知識」の状態へと高まっていく**のではないだろうか。おそらく、子供にとっては、こうした学びを通して、どの場面でも活用できる知識が身に付いていくのであろう。このことを指して、私たちは「能力が身に付いた」などと言うことが多い。

「考えるための技法」、いわゆる思考スキルにおいても、同じようなことが言える。例えば、「比較する」「分類する」「関連付ける」などの思考スキルは、それ自体は思考の方法を表す知識と考えることができる。「比較する」という思考スキルを手に入れるには、例えば、リンゴとバナナを並べて同じ点と違う点を明らかにするなどして、「比較する」という思考方法を理解しやすい場面で学ぶことが考えられる。そして、それを教師が「比較する」ことだと明示することによって、子供自身が自覚していく。

その一方で、こうした思考方法、情報の処理方法が、様々な場面で使用されることが重要になってくる。例えば、国語で二つの場面を読み比べたり、音楽で二つの作品を聞き比べたり、体育で互いの作戦を比較してみたりすることによって、「比較する」という処理方法としての知識は、様々な場面とつながり、**いつでもどこでも自由自在に「駆動する知識」へと高度化**していくと考えることができる。このことこそが、思考力としての「比較する」ことができるようになった状態だと考えることができる。

目の前に迫った問題状況を解決しようとする時、子供は、その問題の解決に適切だと考える知識を自らの保持している知識の中から選択し（**セレクト**）、その場面や状況に適合させ（**アジャスト**）、必要に応じて知識を組み合わせて（**コンビネーション**）、考え、判断し、表現し、行為していく。

つまり、思考力・判断力・表現力等とは、そうした能力が特別に存在するのではなく、知識が相互につながり、場面や状況とつながり構造化し、より高度化した状態となり、駆動する状態になることだと考えることが重要なのである。

図解③　知識が場面とつながるタイプ

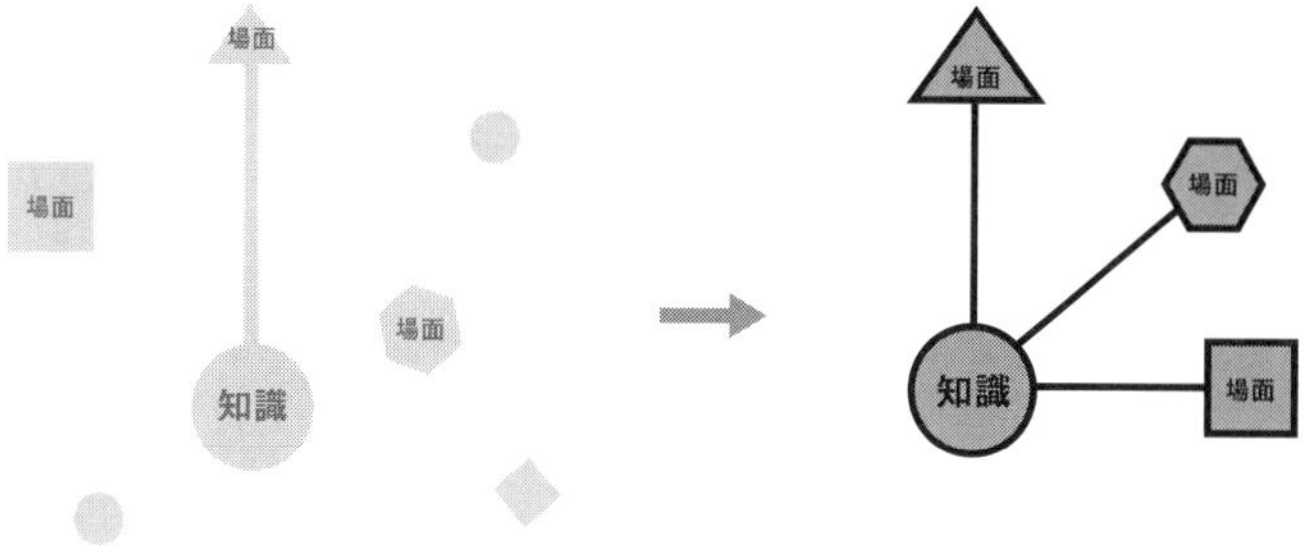

1	各教科等の特別な場面や状況で学んだ個別的な知識が獲得される。
2	知識が様々な場面、つまり「あそこでもここでも」使われるのではないか、という感覚と気付きを得る。
3	場面や状況とつながった知識は、汎用的に自由自在に活用・発揮できるようになり、高度化する。
4	問題の解決のために、自分が保持している知識のどれが使えそうか選択し、当該の場面や状況に適合させ、必要に応じてさらに知識を組み合わせる。

④ 知識が目的や価値、手応えとつながるタイプ

「深い学び」の実現に向けて、知識が構造化するイメージを①、②、③と順番に考えてきた。それは、育成を目指す資質・能力の三つの柱で言えば、①と②が「知識・技能」に、③が「思考力・判断力・表現力等」に結び付くと考えることができる。

①と②で示してきたことは、知識（宣言的な知識）・技能（手続き的な知識）が相互につながることと捉えることができる。このようにしてつながった知識・技能は「生きて働く知識・技能」になると考えることができる。

③で示してきたことは、知識・技能が場面や状況とつながることと捉えることができる。このようにしてつながった知識・技能は「未知の状況にも対応できる『思考力・判断力・表現力等』」になると考えることができる。

ここで考えなければならないのが、「学びに向かう力・人間性等」についてである。このことについても知識の構造化に向けて、知識がつながることとして整理してみたい。

つまり、「学びに向かう力・人間性等」については、**知識・技能が目的や価値、手応えとつながること**と考えていくべきではないか。目的や価値とつながったり、手応えとつながったりして構造化して高度化した状態になった知識・技能こそが「学びを人生や社会に生かそ

うとする『学びに向かう力・人間性等』」と考えることができる。

例えば、私たちは挨拶をする際に、相手に正対して、相手の目を見ながら、会釈しつつ、さわやかな言葉で、などの知識をもっている。こうした知識は、下心のある打算的なものでは好ましくはない。つまり、ただ知識をもっていて、行為に表せるだけでは適切な姿としての挨拶とは言いがたい。やはり、相手に心を寄せつつ、互いの関係がよくなることを願って挨拶の知識を発揮し、実際に挨拶として行為することが、適切かつ適正なのである。

例えば、災害から身を守る防災のための知識においても、それが自分のためだけのものであるより、家族はもちろん、地域の人命を守るためという、より高次な目的や価値とつながった状態として構造化されることが望ましい。おそらく、そのような知識の状態は、「学びを人生や社会に生かそうとする『学びに向かう力・人間性等』」として期待することができる。

また、構造化された知識の状態が手応えとつながることも大切である。「すがすがしい」と思う充実感、「なるほど」「分かった」という達成感、「成長したぞ」と感じる自己有能感、「みんながいたから」とする一体感などのポジティブな感情が知識とつながることが大切になる。この「学びに向かう力・人間性等」は、行為の背景にある知識が「手応え」、つまり「やってよかった」というポジティブな実感とつながると、その行為を「いつまでも」行っていこう、という「持続」につながっていくのである。あるいは「手応え」は、先程の挨拶の例で考えるならば、「向こうの人も挨拶してくれて喜んでくれた」「仲よくなれて、とってもうれしかった」などの感情とつながることによって、「またやってみよう、いつでもやってみよう、誰にでもやってみよう」と、「安定」していく。

（※このポジティブな感情への結び付きについては、第三章「学習活動の終末のポイント」〔一一三ページ〕で詳しく示す。つまり充実感や達成感を得られる授業の終末を設定することがポイントであるとも言うことができる。）

まとめると、この知識のタイプには「〔A〕目的や価値とつながる」ものと、「〔B〕手応えとつながる」ものとがあると言える。〔A〕は行為を適切で適正なものに向かわせて、〔B〕は持続と安定につながると考えることができる。こうして、「より適切で、より適正に」「より持続的で、より安定的に」行為できるようになる。これが、いわゆる「（好ましい）態度が身に付いた」と呼ばれる状態だと考えることができる。

図解④　知識が目的や価値、手応えとつながるタイプ

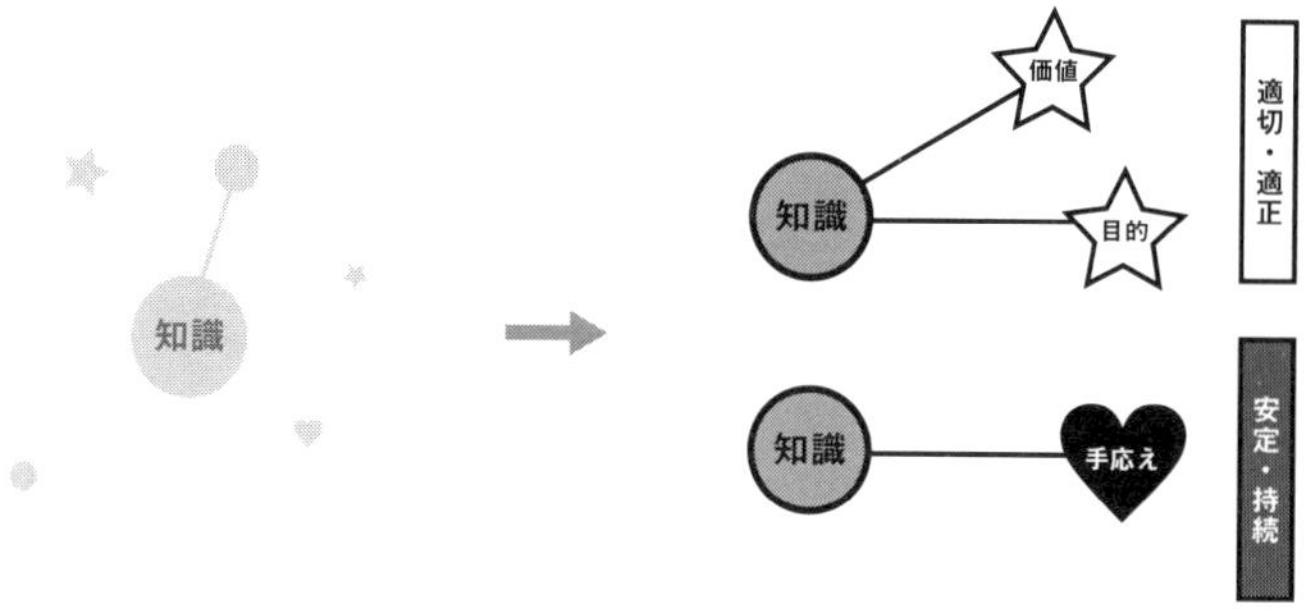

1	現に、そのように考え、表現し、行為できる知識や技能がある。
2	それらが、単なる知識や表面的な行為として表出するのではなく、【目的や価値】【手応え】と結び付けられ、その知識の質は高度になっていく。
3	【目的や価値】と結び付いていくと、知識を人生や社会に生かせる「適切・適正」なものになっていく。【手応え】と結び付いた時、またいつでもそのようにしてみようと、知識が「安定・持続」していく。

ここまで、四つの知識の構造化のタイプを説明してきたが、このように知識の質が高度化しながら複雑につながり合っている知識こそが、まさに、「駆動する知識」なのである。

「駆動する知識」になるためには、バラバラと個々に知識が存在するのではなく、知識が構造化されていかなければならない。構造化、つまり「(知識が)つながっていく」には、①・②の知識同士のネットワーク化及びパターン化でのつながり、③の場面や状況とのつながり、④の目的や価値、手応えとのつながりがあるのではないかと、改めて記しておく。

知識が駆動する状態についてのイメージがつかめれば、「深い学び」は考えやすくなるのではないか。また、授業を見るポイントや子供を見るポイントも自ずと導かれるのではないか。子供が、「なぜあのように話しているのか」「なぜあのようにつぶやいたのか」を、「駆動する知識」の視点で見ていくと、子供の姿がそれまでとは違って見えてきて、「あの知識とつなぎ合わせているのだな」などと見られるようになってくるだろう。またそのことによって、「どこで学びが深まったのか」、その瞬間も捉えられるようになるだろう。

資質・能力の三つの柱と「知識の構造化」の関係

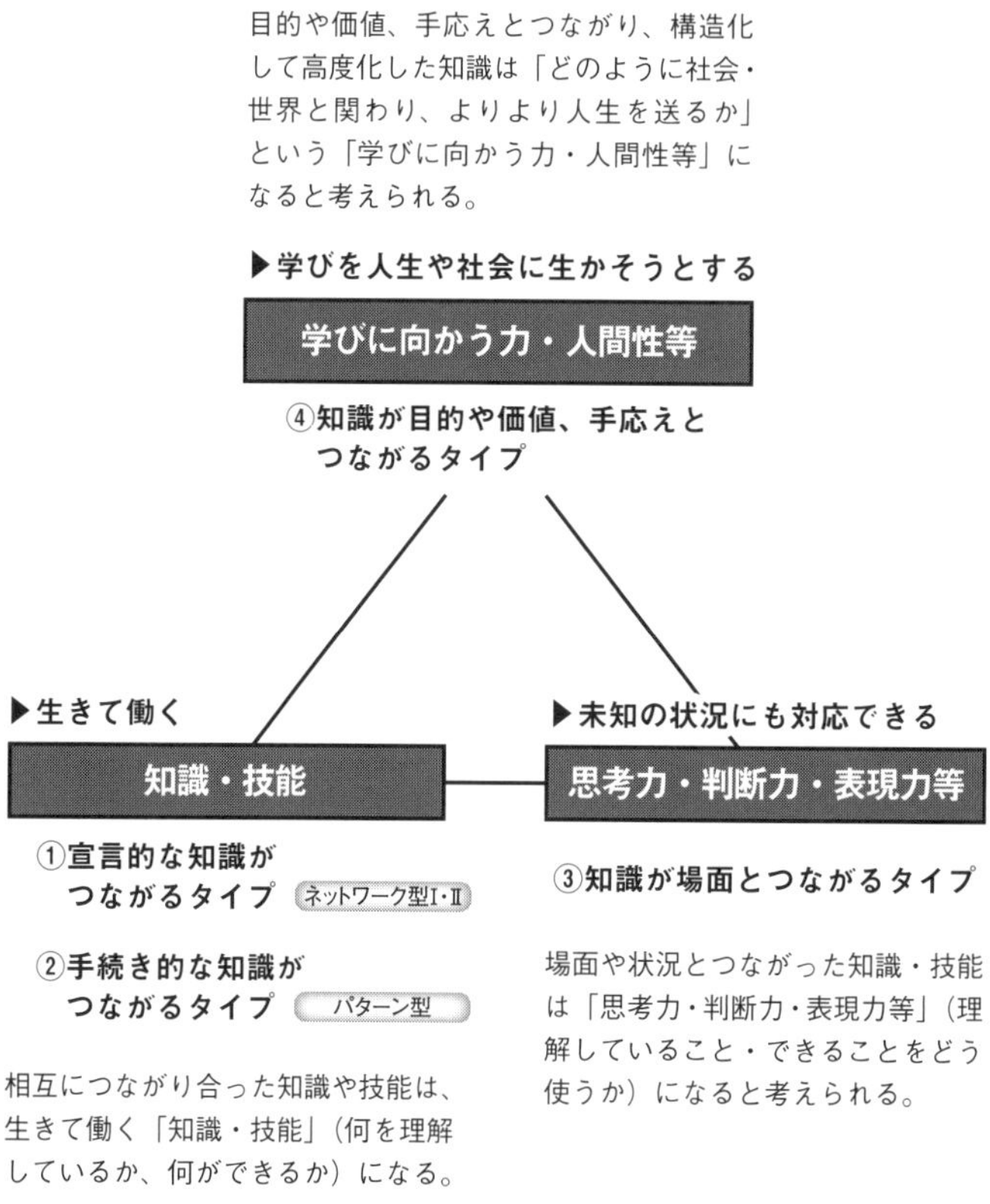
目的や価値、手応えとつながり、構造化して高度化した知識は「どのように社会・世界と関わり、よりより人生を送るか」という「学びに向かう力・人間性等」になると考えられる。
▶学びを人生や社会に生かそうとする
学びに向かう力・人間性等
④知識が目的や価値、手応えとつながるタイプ
▶生きて働く
知識・技能
①宣言的な知識がつながるタイプ
ネットワーク型Ⅰ・Ⅱ
②手続き的な知識がつながるタイプ
パターン型
相互につながり合った知識や技能は、生きて働く「知識・技能」（何を理解しているか、何ができるか）になる。
▶未知の状況にも対応できる
思考力・判断力・表現力等
③知識が場面とつながるタイプ
場面や状況とつながった知識・技能は「思考力・判断力・表現力等」（理解していること・できることをどう使うか）になると考えられる。

「深い学び」を考える際のキーワードは、繰り返し登場してきた「**つなぐ、つながる、つなげる**」と考えるべきではないだろうか。つまり、知識をつなぎ、結び付け、関連付けることが「深い学び」を実現していく。そして、そのことこそが、資質・能力の三つの柱を確かに実現していくものと考えることができる。

まとめると、「**『深い学び』とは、『知識・技能』が関連付いて構造化されたり身体化されたりして高度化し、駆動する状態に向かうこと**」と言える。

知識が「駆動」する

1 「駆動する知識」と汎用的能力

今回の学習指導要領改訂では、実際の社会で活用できる力を子供に育てようと「何ができるようになるか」を掲げてきた。そうした力を「汎用的能力」などと呼び、議論の中心を担ってきた。例えば、課題設定能力、論理的思考力、コミュニケーション能力などがそれである。こうした**汎用的能力と「駆動する知識」との関係**をどのように捉えればよいのだろうか。

ちなみに汎用的能力については、新学習指導要領第1章総則「第2　教育課程の編成」において、以下のように記されている（中学校学習指導要領の場合、「児童」は「生徒」表記）。

第2　教育課程の編成

２　教科等横断的な視点に立った資質・能力の育成

(1)　各学校においては、児童の発達の段階を考慮し、言語能力、情報活用能力（情報モラルを含む。）、問題発見・解決能力等の学習の基盤となる資質・能力を育成していくことができるよう、各教科等の特質を生かし、教科等横断的な視点から教育課程の編成を図るものとする。

（サイドラインは筆者）

ここで示されている「言語能力」とは、**言語を運用し活用することに関する様々な知識が関連付いて構造化され、高度化して「駆動する知識」の状態となっている総体**として捉えることが肝要になる。そのことは、「言語能力」以外の汎用的能力においても同様である。

例えば、先に示した「資質・能力の三つの柱」に紐付く「駆動する知識」が、全体として整った状態で、しかもそれがいわゆる「情報活用」に関する知識で一体となって体系化されているとする。そのような「情報活用」に関する知識が構造化され高度化した状態の総体が、「汎用的能力」としての「情報活用能力」と考えるべきであろう。

あるいは、主に「問題発見・解決」に関する知識が構造化され、「駆動する知識」として高度化した状態になって発揮されることを「問題発見・解決能力が育成された」と呼ぶことができるのである。つまり、「駆動する知識」の総体のことを「〇〇能力」と考えることができそうである。これが、「駆動する知識」と「汎用的能力」との関係である。逆に言うと、汎用的能力は、資質・能力の三つの柱で整理できるということになる。

例えば、新しい『小学校学習指導要領（平成二九年告示）解説　総則編』『中学校学習指導要領（平成二九年告示）解説　総則編』において「情報活用能力」における「学びに向かう力、人間性等」の項目には、「情報や情報技術を適切かつ効果的に活用して情報社会に主体的に参画し、その発展に寄与しようとする態度等を身に付けていること」と整理し示されている。ここで言われているのは、「正義のもとに情報活用に関する知識が適切に使われなければならない」ということであろう。あるいは「思考力、判断力、表現力等」の項目は、「様々な事象を情報とその結びつきの視点から捉え、複数の情報を結びつけて新たな意味を見出す力や、問題の発見・解決等に向けて情報技術を適切かつ効果的に活用する力を身に付けていること」と整理されている。つまり、情報活用に関する知識がどこでも存分に自由自在に駆使され、自分なりにアレンジして活用できるようになっている姿が、ここに含まれている意味なのである。

新学習指導要領第1章総則においては、汎用的能力として、「言語能力」「情報活用能力」

「問題発見・解決能力」の三つが示され、それらは、各教科等の学習の基盤となり、横断的な学習などを通して育成を目指すことが記されている。なお、「言語能力」「情報活用能力」については、「答申」から抜粋する形で新しい『小学校学習指導要領（平成二九年告示）解説　総則編』『中学校学習指導要領（平成二九年告示）解説　総則編』において、育成を目指す資質・能力の三つの柱として、以下のように整理されている。

（参考：言語能力を構成する資質・能力）

（知識・技能）

言葉の働きや役割に関する理解、言葉の特徴やきまりに関する理解と使い分け、言葉の使い方に関する理解と使い分け、言語文化に関する理解、既有知識（教科に関する知識、一般常識、社会的規範等）に関する理解が挙げられる。

特に、「言葉の働きや役割に関する理解」は、自分が用いる言葉に対するメタ認知に関わることであり、言語能力を向上する上で重要な要素である。

（思考力・判断力・表現力等）

テクスト（情報）を理解したり、文章や発話により表現したりするための力として、情報を多面的・多角的に精査し構造化する力、言葉によって感じたり想像したりする力、感情や想像を言葉にする力、言葉を通じて伝え合う力、構成・表現形式を評価する力、考えを形成し深める力が挙げられる。

（学びに向かう力・人間性等）

言葉を通じて、社会や文化を創造しようとする態度、自分のものの見方や考え方を広げ深めようとする態度、集団としての考えを発展・深化させようとする態度、心を豊かにしようとする態度、自己や他者を尊重しようとする態度、自分の感情をコントロールして学びに向かう態度、言語文化の担い手としての自覚が挙げられる。

（参考：情報活用能力を構成する資質・能力）

（知識・技能）

情報と情報技術を活用した問題の発見・解決等の方法や、情報化の進展が社会の中で果たす役割や影響、情報に関する法・制度やマナー、個人が果たす役割や責任等について、情報の科学的な理解に裏打ちされた形で理解し、情報と情報技術を適切に活用するために必要な技能を身に付けていること。

（思考力・判断力・表現力等）

様々な事象を情報とその結びつきの視点から捉え、複数の情報を結びつけて新たな意味を見出す力や、問題の発見・解決等に向けて情報技術を適切かつ効果的に活用する力を身に付けていること。

（学びに向かう力・人間性等）

情報や情報技術を適切かつ効果的に活用して情報社会に主体的に参画し、その発展に寄与しようとする態度等を身に付けていること。

各学校においては、この「駆動する知識」の総体が汎用的能力であるということを理解することがカリキュラムをデザインする際に重要になる。資質・能力ないし「駆動する知識」との関連で「〇〇力」を捉えなければ、資質・能力の三つの柱と「〇〇力」が混在したカリキュラムを編成してしまうこととなる。結果として、カリキュラムが適切にデザインできず、期待する機能が発揮されない状況が生まれてしまう。とはいえ、それぞれの「〇〇力」とする汎用的能力について、資質・能力の三つの柱で整理し、理解していくことは膨大で大変な作業になる。目下、学校でやるとするならば、おすすめしたいのは以下のようなやり方である。

各学校が大切にしてきた「〇〇力」とされる汎用的能力には、「思考力・判断力・表現力等」をメインとするもの、「学びに向かう力・人間性等」をメインとするものなど、それぞれに特徴がある。例えば、「論理的思考力」「コミュニケーション力」などは、「思考力・判断力・表現力等」が考えやすい。「共同参画力」「社会貢献力」などは、「学びに向かう力・人間性等」が考えやすい。

つまり、「〇〇力」は資質・能力の三つの柱を伴っているものではあるが、「私たちの学校で言っている『〇〇力』は、三つの柱のうち、特にどこを意識しているのか」を自覚し定義すれば、複雑さを回避できる。それぞれの学校が期待する「〇〇力」を資質・能力ベースで明示することができる。そこまで整えることができれば、資質・能力の三つの柱を起点に各教科等がつながったカリキュラムをデザインすることができる。例えば、各教科等における学びを、資質・能力の三つの柱に着目して配列したり、関連付けたりする際にも、再定義した「〇〇力」によって重点化を図ったり、強調点を明らかにしたりすることができる。現状、多くの学校は、「〇〇力」と名乗るだけに終始しているため、各教科等の資質・能力とは別物になってしまっている状況が見られる。前述のようなやり方で、資質・能力ベースのカリキュラム・デザインを目指したいところである。

ＡＩ技術などが日常生活に当たり前に存在する変化の激しい社会では、言語能力や情報活用能力などの汎用的能力の育成が欠かせない。この汎用的能力の育成は、知識が関連付いてつながり駆動する状態になっていくことだと、ここまで考えてきた。そのことはすなわち、これからの社会を生きる子供にとっては、知識が活用・発揮される「深い学び」を実現することの重要性を意味している。これからの二一世紀の社会で求められる汎用的能力の育成のためにも「深い学び」が必要なのである。

2 「駆動する知識」と「考えるための技法」

「考えるための技法」についても「駆動する知識」との関係を確認しておく必要がある。

ここでいう「考えるための技法」とは、思考スキルのことであり、例えば、**比較する、分類する、関連付けるなどの情報の処理方法**のことである。こうした「考えるための技法」を、私たちは手続き的な知識として獲得することができる。しかし、こうした知識は、先に示したとおり、異なる場面や状況で活用・発揮され、様々な場面や状況とつながることで自由自在に活用できる「駆動する知識」として高度化された状態になる。そうした状態になった時、私たちは「**思考力が育成された**」と語ることになるのであろう。

思考力を育成するにはウェビングマップやピラミッドチャートなどの思考ツールが欠かせない（資料4）。思考ツールは、収集した情報を処理したり、再構成したりして、関係や傾向を見出すための枠組みである。抽象的で曖昧になりやすい「考える」ことが、思考ツールによって具体化され、可視化される。そのことにより、全ての子供に「考える」ことを実現してくれることとなる。

また、「深い学び」を具現するためにも、思考ツールは有効である。なぜなら、「深い学び」は知識を相互に関連付ける構造化が求められるからである。例えば、知識や情報をウェビングマップで関連付けたり、ピラミッドチャートで統合したりして、思考ツールを活用することで、知識の構造化を図ることができる。このことは、思考スキルを異なる場面で活用・発揮していることにもなり、「駆動する知識」に向かっていくことにも重なる。

この思考ツールでの処理や再構成の仕方については、「考えるための技法」として総合的な学習の時間の学習指導要領に明確に位置付けられた。また、今回の改訂では総合的な学習の時間のみならず、各教科等においても思考スキル（「考えるための技法」）が明示的である。例えば、国語科においては「情報の扱い方」で、社会科では「多面的・多角的」として、算数科では「データの活用」で、理科では「比較・関係付け」として、生活科では「見付ける、比べる、たとえる、試す、見通す、工夫するなどの学習活動」としてそれぞれ明示されている。

なお、総合的な学習の時間においては、こうして各教科等において示されている「考えるための技法」を以下の一〇に整理し、『小学校学習指導要領（平成二九年告示）解説　総合的な学習の時間編』『中学校学習指導要領（平成二九年告示）解説　総合的な学習の時間編』

で示している。

○ 順序付ける
・複数の対象について、ある視点や条件に沿って対象を並び替える。
○ 比較する
・複数の対象について、ある視点から共通点や相違点を明らかにする。
○ 分類する
・複数の対象について、ある視点から共通点のあるもの同士をまとめる。
○ 関連付ける
・複数の対象がどのような関係にあるかを見付ける。
・ある対象に関係するものを見付けて増やしていく。
○ 多面的に見る・多角的に見る
・対象のもつ複数の性質に着目したり、対象を異なる複数の角度から捉えたりする。
○ 理由付ける（原因や根拠を見付ける）
・対象の理由や原因、根拠を見付けたり予想したりする。
○ 見通す（結果を予想する）

・見通しを立てる。物事の結果を予想する。
○具体化する（個別化する、分解する）
・対象に関する上位概念・規則に当てはまる具体例を挙げたり、対象を構成する下位概念や要素に分けたりする。
○抽象化する（一般化する、統合する）
・対象に関する上位概念や法則を挙げたり、複数の対象を一つにまとめたりする。
○構造化する
・考えを構造的（網構造・層構造など）に整理する。

今後、育成を目指す資質・能力の鍵となる存在として思考スキルや思考ツールがクローズアップされることが考えられる。その際には、総合的な学習の時間で明示した一〇の思考スキルを中心に各教科等をつなぐことが検討されるとともに、将来的には教育課程の柱に思考スキルを明示することも検討すべきであろう。

また、この思考スキルについては、先に示したように「知識・技能」としての思考スキルが、場面や状況とつながり自在に活用できる状態、すなわち「駆動する知識」としての思考力として身に付くことが期待されている。そのためにも「深い学び」が大切になるのである。

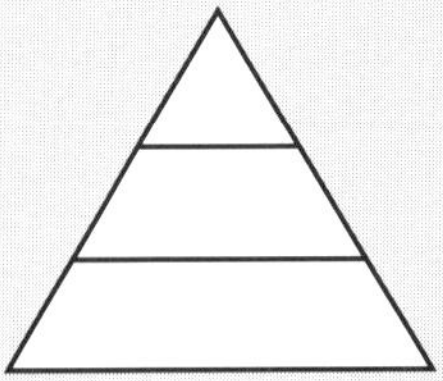

ピラミッドチャート

アイディアや考えの根拠となる情報を下の段に自由に意見しながら書いていく。そこからより重要な情報や意見を取捨選択しながらつなげたり、補ったりして中央の段へ書き込む。さらに重要な内容を最上段へと絞り込んでいくことで、よりよいものへと高めていく。

Point 多様な情報や意見を一つにまとめたり、よりよい考えへと練り上げたりする時に有効。

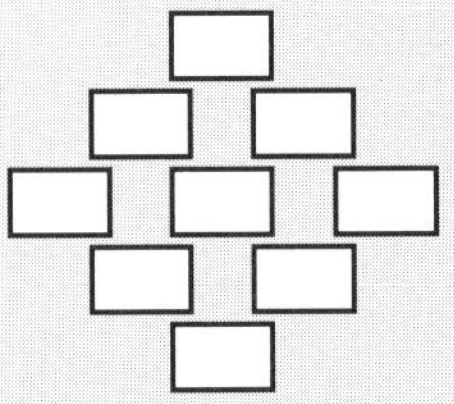

ダイヤモンドランキング

選んだ9種類のカードを序列化して並べ、大切だと思うものを決定していく。カードを動かす作業を通し、その理由を考えたり、根拠を示したりしながら思考を深めていくことが大切である。

Point 価値に基づいて緩やかに順序を決める時に有効。

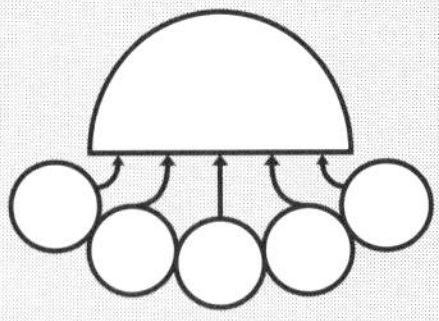

クラゲチャート

頭の部分に主張や考えを記入し、その理由付けや原因、根拠となる事実や資料などを足の部分に書き込む。重要なことは、足の部分の数を必要に応じて増やすことができる点にある。記入したクラゲチャートをもとに説明する機会をもつことが大切である。

Point 主張の根拠や理由を探す場合や、出来事の原因や要因を明らかにする場合に有効。

教育資料』2015年5月号72～85ページ〔筆者編集ページ〕をもとに再構成）

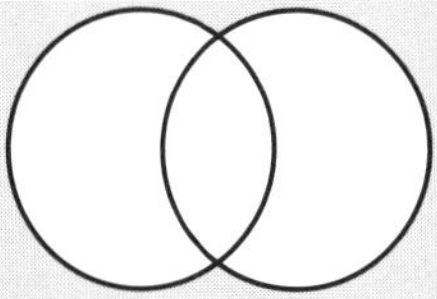

ベン図

二つのものを比較する。重なりには共通点を書き、相違点を明らかにしていく。分類する時にも利用できる。視点を設けて対象の特徴を書き分けていく。円を増やして活用することもできる。

Point 異なる対象を比べて考えたり、対象の特徴を分類して考えたりする時に有効。

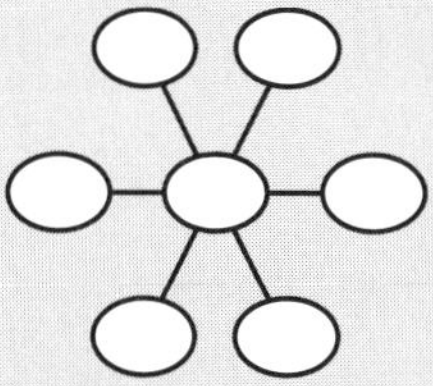

ウェビングマップ

中心にトピックやテーマを置き、それに関連するものを連想して広げていく。イメージを広げたい時には、制限をかけずに自由に連想したことをマップに書き込み、表現していくことが大切である。

Point 思考を拡散させ、関連付けて考える時に有効。

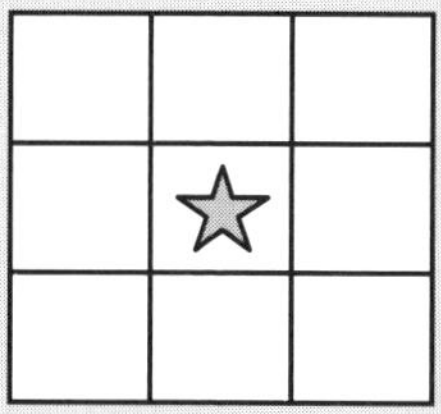

マンダラチャート

3×3のマスをかき、その中心に考えたいことや目標などを記入する。周辺のマスに、考えたいことから生まれた言葉や取り組むことなどを書き込んで埋めていく。これを繰り返し行うことで、アイディアを量産することができる。

Point 全体を俯瞰して考えたり、全体と部分の局所的な関係を捉えたりする時に有効。

資料4　思考力育成のために有効な「思考ツール」の例（文部科学省編『初等

「駆動する知識」は私たちの頭の中では様々につながっているのだろう。複雑に絡み合う知識の構造が、状況に応じて局所的に「ここが発揮したり、あそこが発揮したり…」と反応しているのであろう。そのことを、「電気が走る」「スパークする」というイメージで捉えてみてはどうだろうか。スパークが頻繁に起きているところは、つながりやすいという塩梅《あんばい》である。

例えば「比べて考える」という時には、その回路がスパークをしている。あるいは、「もう少しいろいろなことを複雑に考えたい」という時には、その回路だけではなく、周辺にある別の回路も含んで一気にスパークするのではないか。

先程述べたように、「比較する」などとして、知識を切り分けて述べることがあるが、それらの知識の構造は別々に存在しているというわけではなく、実は全てがつながり合いながら「駆動する知識」として、その人の頭の中に存在しているのであろう。

深く学ぶことによって、この「駆動する知識」が高度化していく。その高度化する知識を、「①宣言的な知識がつながるタイプ」の方向から見れば、(ネットワーク型Ⅰ・Ⅱ)のような図解①ができるし、「②手続き的な知識がつながるタイプ」の方向から見れば(パターン型)のような図解②ができる。「③知識が場面とつながるタイプ」から見れば図解③のような在り方になり、「④知識が目的や価値、手応えとつながるタイプ」から見れば図解④のようになる。それらが次々とスパークしながら高度化していき、大きく、より強固な「駆動する知識」が出来上がっていくのである。

頭の中で「電気が走る」「スパークする」と述べたが、それはある種、「クセ」のようなもので、いかに「クセ付け」するかというのがミソである。例えば、思考力がある人というのは、思考力に関する箇所が、とてもよくクセ付けされているから、考えるのが得意となる。考えることをあまりしていない人は、単体の知識しか存在していないため、そもそも電気が走りにくい、というようなニュアンスで捉えてみることもできる。

3 知識の関連付けと国際標準の学力

経済協力開発機構（OECD）による国際標準の学力調査については、近年、各国の教育政策に大きな影響力をもつようになってきている。いわゆるPISA調査については、世界各国が、それぞれの国の教育の状況を示す指標として重視し始めており、そのことについては日本も同様である。調査が始まったばかりの頃、日本は国際的にも高い水準にあったものの、その後、読解力を中心に数値が下がり、学力低下論議のきっかけになったことは記憶に新しい。しかしながら、二〇〇九年調査の結果からV字回復が始まり、現在も全体的には好

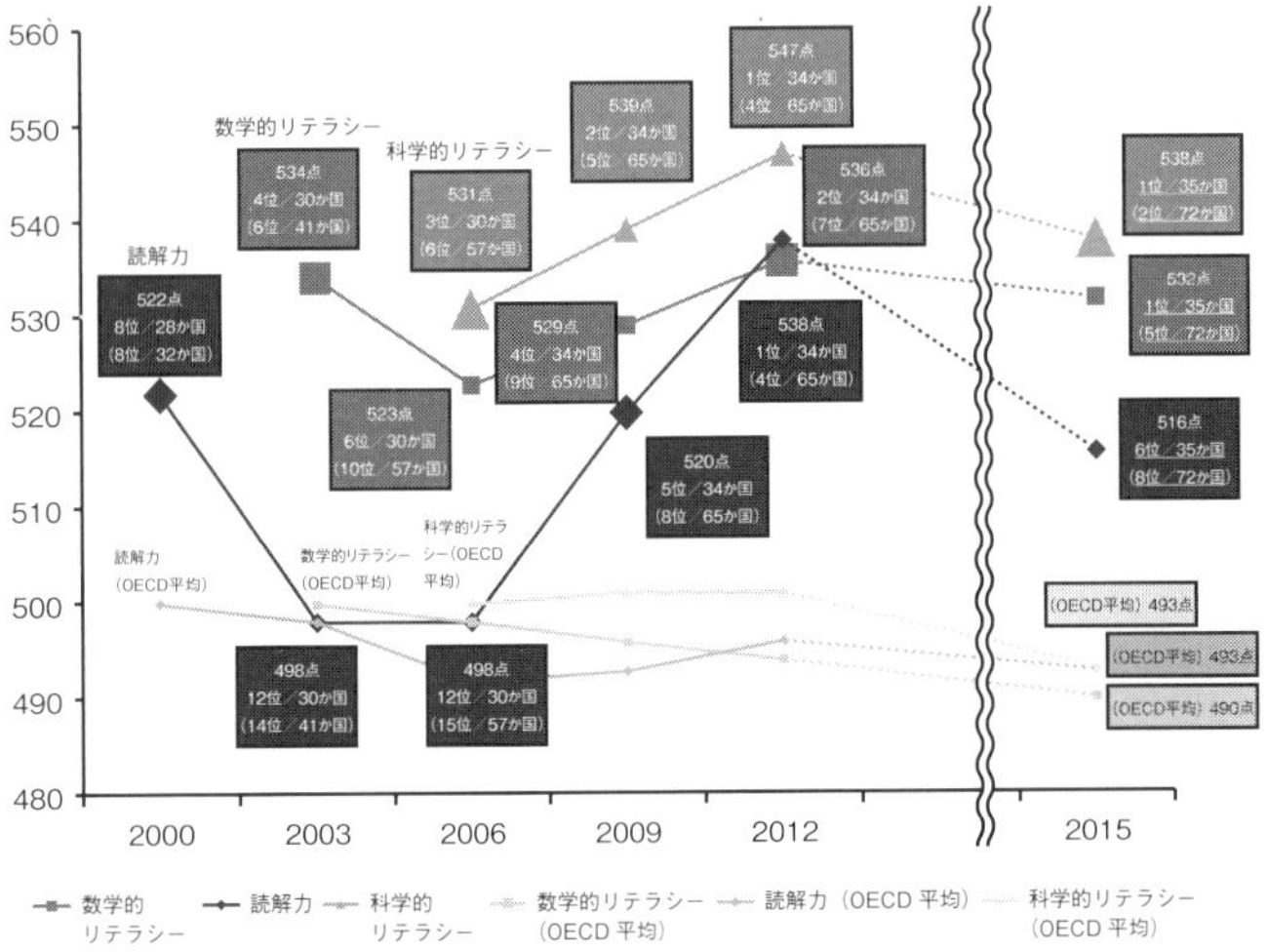

資料5　国際標準の学力調査における平均得点及び順位の推移
(文部科学省・国立教育政策研究所「OECD 生徒の学習到達度調査〔PISA2015〕のポイント」より)

ましい状況にあると考えることができる。

ＯＥＣＤは、日本の教育制度の公平性については、他に類を見ないと評価するとともに、当初自由記述の問題などに苦手意識が見られたものの、近年は改善が見られるとしている。記憶中心の学習から、自分で優先度や目標を決めて、計画的に学ぶことができるようになったと評価している。しかし、依然として**様々な知識や情報を関連付けて学ぶことが十分でないと指摘している**。

このことについて、ＯＥＣＤ教育・スキル局長のシュライヒャー氏も、日本の子供がかつての記憶中心の勉強を脱却し、自分で優先度や目標を決め、計画的に学ぶようになったものの、様々な知識や情報と自分で関連付けて学ぶ子供が少なく、世界で下位グループであることを指摘している。

関連付けるとは例えば、数学の勉強をする際、理科や社会の知識と結び付けて理解したり、日常生活での使い方を考えたりすることである。難易度の高い問題であるならばなおさら、他の知識と関連付けることが欠かせない。現代社会の問題は複雑な情報や知識構造の中にあり、そういった、知っていることをもとにして推測する、ということこそが重要なのだという（二〇一七年八月一一日　読売新聞朝刊参照）。

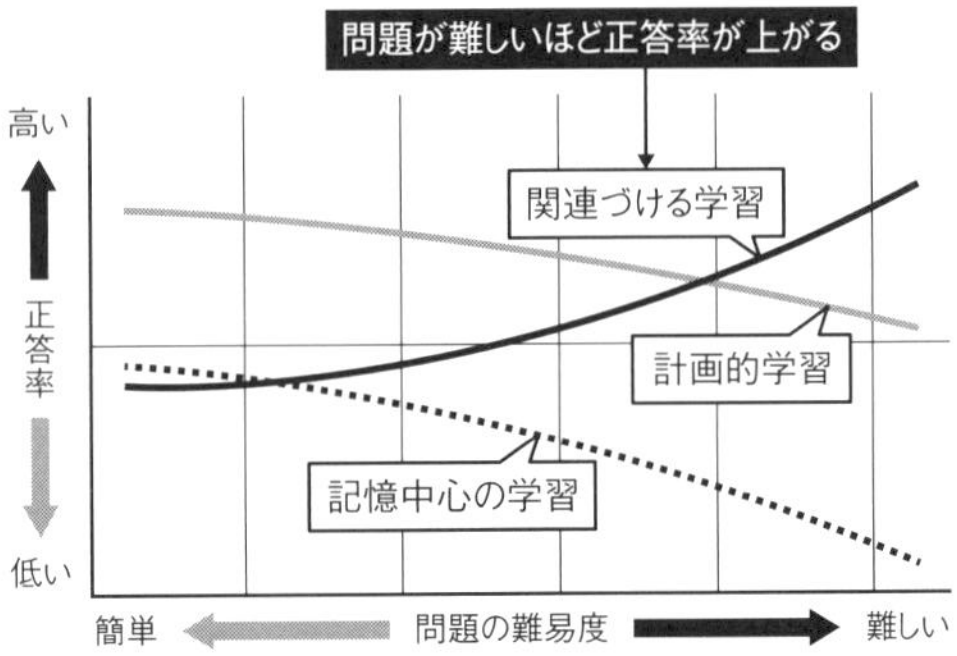

2016年のOECDの報告から。データはPISA2012

資料6　生徒が使う学習戦略と数学の成績
（2017年8月11日　読売新聞朝刊より作成）

勉強の仕方（学習戦略）

○記憶中心の学習（記憶戦略）
演習やドリルなど繰り返しが中心。質よりも回数や問題数を重視する

○計画的学習（自己制御戦略）
自分で目標を決め、優先順位を自分で考えて計画を立て、振り返り見通して進捗《しんちょく》状況を管理しながら効率的に学ぶ

○関連づける学習（精緻《せいち》化戦略）
図形の勉強で図画工作を思い出すなど、新しい知識を既知の知識や他分野の知識・情報、体験などに結びつける。理解を強化し、記憶の定着も促す

（二〇一七年八月一一日　読売新聞朝刊より作成）

資料6のグラフからも明らかなように、学習戦略はバランスよく行うことが重要であり、日本が得意としていた記憶戦略を否定するべきではない。そのストロングポイントを生かしつつ、まだまだ十分に行われていない精緻化戦略に向かった授業改善を進めるべきなのである。ここでもやはり、「深い学び」が重要と言えよう。

このことに向けて、世界では「探究」を強調し、**「探究モード」の教育改革**を推進してきている。それは、**探究のプロセスを重視し、プロセスの充実にインタラクション（相互作用）とリフレクション（振り返り）を適切に位置付け、そこで知識を活用・発揮することを進めていくこと**と考えることができる。日本における、今回の学習指導要領の改訂も、**「探究モードへの変革」**と捉え直すことが重要になるだろう。知識を関連付けたり組み合わせたりする「知の探索」が、これからの社会では欠かせないのである。

4　知識の関連付けと脳科学の知見

「深い学び」については、知識を関連付けることと考えてきた。それは、**知識をネットワーク化して構造化したり、パターン化して身体化したりして高度化すること**である。そのためには、知識を活用・発揮することが重要であり、活用・発揮することで、個別の事実に関する知識や手順・方法に関する知識などの**単独系の知識**が、概念的で構造的な**関連系の知識**に変わると整理してきた。本章では、そうした知識の構造や状態を目指すことの重要性を繰り返し記してきた。

このことについては、科学的にも検証されてきている。

米パデュー大学のカーピック博士は、ワシントン大学の学生を対象にスワヒリ語の習熟テストを行った。

四つのグループに分け、それぞれのグループの学習方法を変えることで、どのグループが早く暗記することができるかを調査しようとした。

Aグループは、四〇個の全てのスワヒリ語を学習し、その後に四〇個全てについて確認のテストをする。この学習とテストの組合せを完全に覚えるまで繰り返す。Bグループは、テストで間違えた単語だけを学習し、再テストは全てを試験する。この学習とテストを繰り返す。Cグループは、四〇個全てを学習して、覚えていなかった単語だけを再テストする。この学習とテストを繰り返す。Dグループは、間違えた単語だけを学習して、再テストでも間違えた単語だけをテストする。そして、全て覚えるまで学習とテストを繰り返す。

よく学校で行う方法と考えることもできる。

その結果、どのグループも全てを記憶するまでの回数に大きな差はなかった。つまり、短期記憶においては、学習方法の差がなかったことになる。しかし、一週間後に再テストを行うと明らかな差が出た。AグループとBグループは約八〇点と好成績であったのに対しCグループとDグループは約三五点しか取れなかった。つまり、長期記憶においては、A・Bグループの方が好ましい状態であり、しっかりと記憶として保持されていたことになる。

A・BグループとC・Dグループを比較して、共通点と相違点を見付け出そうと結果のデータを分析してみると見えてくることがある。それは、A・Bグループは、テストは全ての単語について実施しているのに対して、C・Dグループは、テストは間違えた単語しか実施していなかったという点である。

ここで早合点しないようにしたい。「だから、テスト漬けにしてしまえ」などと勘違いされては困る。この実験における「学習」はインプットとして、「テスト」はアウトプットとして実験を行っている。つまり、アウトプットするほど、長きにわたって記憶として保持されることが明らかになったのである。

これまで私たちは、インプットを繰り返すことで記憶を長期にわたって保持しようと努力する傾向があった。もちろん、知識を入力しなければ、空っぽなわけで、入力することは欠かせない。しかしながら、入力した知識をアウトプットすること、活用すること、そして発揮することが、そのこと以上に重要であることが明らかになってきた。

（※池谷裕二『脳には妙なクセがある』二〇一三年、扶桑社、一六六－一六九ページにも同実験についての話が掲載されている。）

この話を、東京大学大学院薬学系研究科の池谷裕二教授から、文部科学省編『初等教育資料』二〇〇八年一〇月号のインタビュー（三八－四一ページ）にて直接伺った時、私は即座にこう思った。

「なるほど、だから、私の英単語は失われたんだな」と。

そして、考えた。

「だから、アクティブ・ラーニングなのだ」、

「活用・発揮が重要なのだ」と。

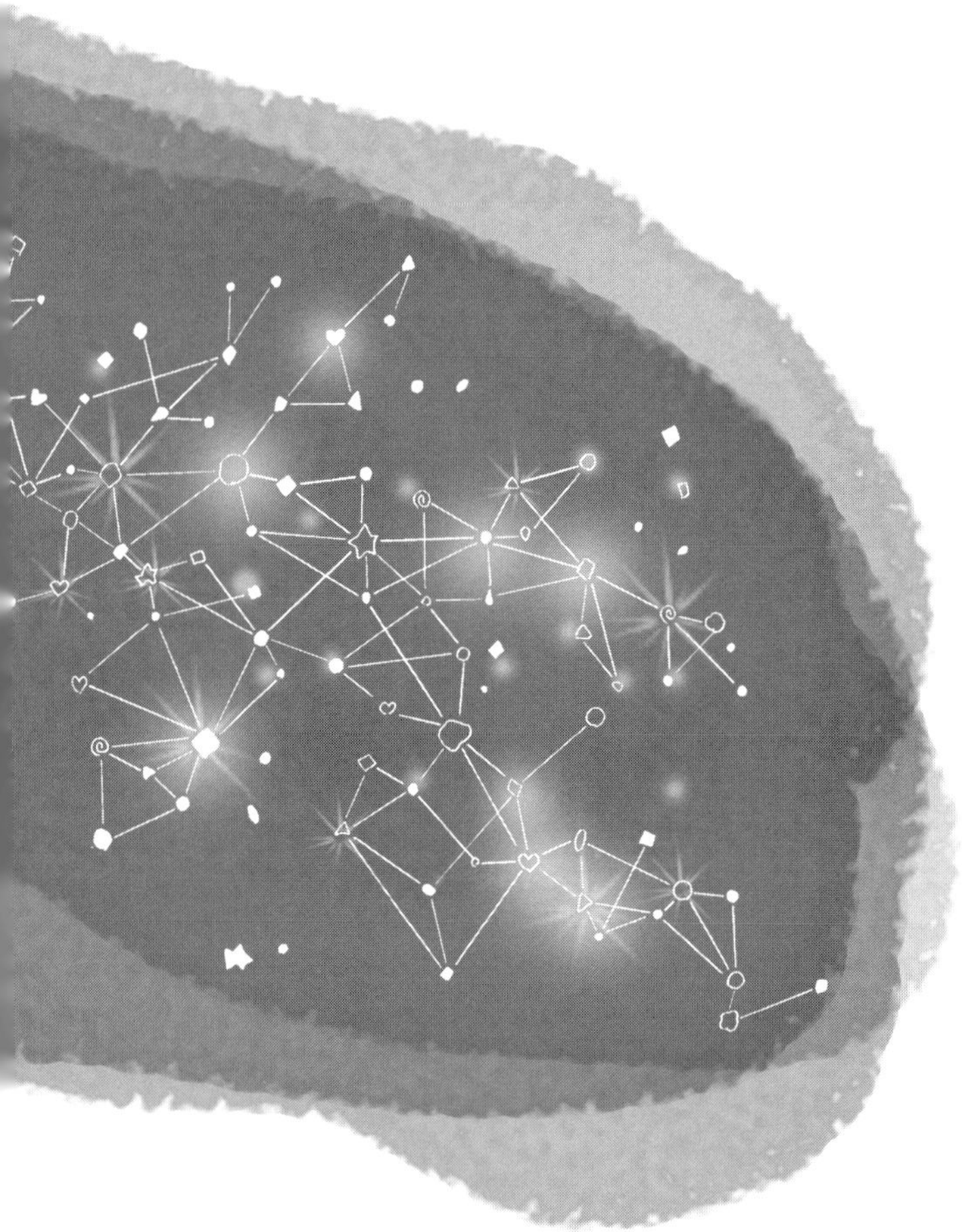

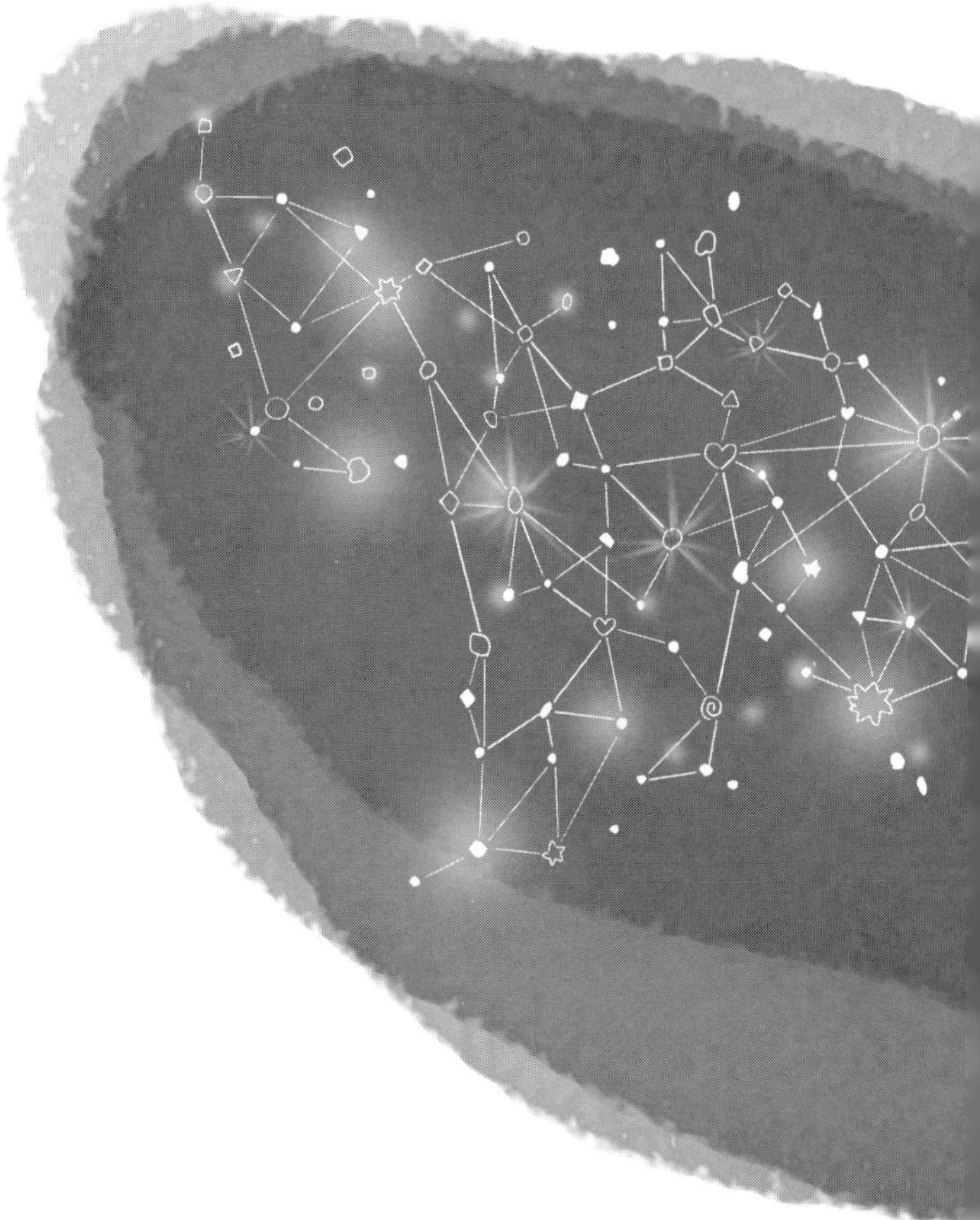

私たちの頭の中には、大きな「駆動する知識」が存在するのかもしれない

第2章

「深い学び」にアプローチする子供の姿

ここからは具体の子供の姿から、知識・技能が関連付いて構造化されたり身体化されたりして高度化し、駆動する状態に向かう様子を見ていきたい。小・中学校それぞれ5つのケース、様々な教科等を挙げている。子供たちの価値ある発言や行動の数々を、第1章にて整理した「知識の構造化」の4つのタイプと重ね合わせながら読んでみてほしい。

学校教育は今まさに、探究モードへ。

※学習指導要領においては、「単元」「題材」と表記されているが、本書においては、資質・能力の育成のために学習活動が一連の問題解決のまとまりとして構成されたものを「単元」であると定義し、全て統一して「単元」と記している。
※各ケースのタイトルについては、内容の分かりやすさを優先し、単元名ではなく学習内容を示すタイトルを付けている。

case 1　中学校３年　理科（※発展的な内容）

生命の連続性と生物の進化

単元の概要と学習活動

細胞や身近な生物の殖《ふ》え方を観察することを通して、生物の発生の過程と順序、有性生殖と無性生殖の特徴、DNA の存在を知るとともに、細胞の分裂と生物の成長や、生物の進化・多様性と遺伝の規則性とを関連付けて捉え、生命を尊重できるようにしたい。

中学生の子供は、自分自身のからだの成長が激しい年齢であり、そうした成長過程の只《ただ》中にあって、「生物のからだの中の生命現象はどのような仕組みになっているのか」という疑問は生まれやすく、そのことを探究的に追究していく学習活動は魅力的なものである。

細胞の観察や実験では、生物のからだのつくりや働きの設計図である細胞内の「核」の振る舞いに注目するようにする。中でも、多細胞生物にとってのからだの成長段階を、体細胞分裂に伴う「染色体の形の変化」や「細胞そのものの大きさ」の視点で捉えるようにすることで、からだの成長の原因を子供自らで発見することを大切にする。また、観察の視点を明確にすることで、生物の成長と体細胞分裂の関連性を明らかにするようにしたい。さらに、生物が子孫を残す段階においては、体細胞分裂による成長とは異なる巧妙な仕組みが特別に備わっていることを「遺伝子」という考え方で考察するようにする。生物の多様性が進化によってもたらされたものであることを考え、生命についての総合的な理解や生命を尊重しようとする態度を育てたい。

「深い学び」に向かう子供の姿

授業場面は、単元の終末で、遺伝の仕組みと生物の進化をまとめて整理していく場面に当たる。

この時間の導入の課題は次のような内容であった。

「ゴリラ・チンパンジー・オランウータンの中で、ヒトに最も近いのはどれか？」

子供は自分のもっている知識を使って、思い思いに自分の考えを出し合い、予想していった。

「人間に近いのは、オランウータンだと思う。だって、頭の形や大きさが人間に近いから」

「いや、私はチンパンジーだと思うな。賢いって聞いたことがあるよ」

「ぼくはゴリラだと思う」

ここで、「頭蓋骨の骨の特徴」「全体重に占める脳の

▶課題に対して思い思いに予想していく。結論も出たが…

重さの割合」「遺伝子」の順番に、データを使って分析をしていった。この順番は、科学の歴史ともきれいにシンクロする視点とのことである。

データの分析に基づいて整理すると、導入の課題に対する結論は次のようなまとめとなった。

「ゴリラ・チンパンジー・オランウータンの中で、ヒトに最も近いのは、チンパンジーである」

この結論は、導入課題に対する答えではあるものの、やや表面的な感じがした。そこで私から、二人の子供に次のような問いかけを行った。

「どうでしたか?」

子供は次のように答えた。

「オランウータンよりもチンパンジーが近いことに納得しました」

そこで、さらに問いかけてみた。

「どうして納得したのですか?」

▶繰り返しの問いを受け、熟考が始まる

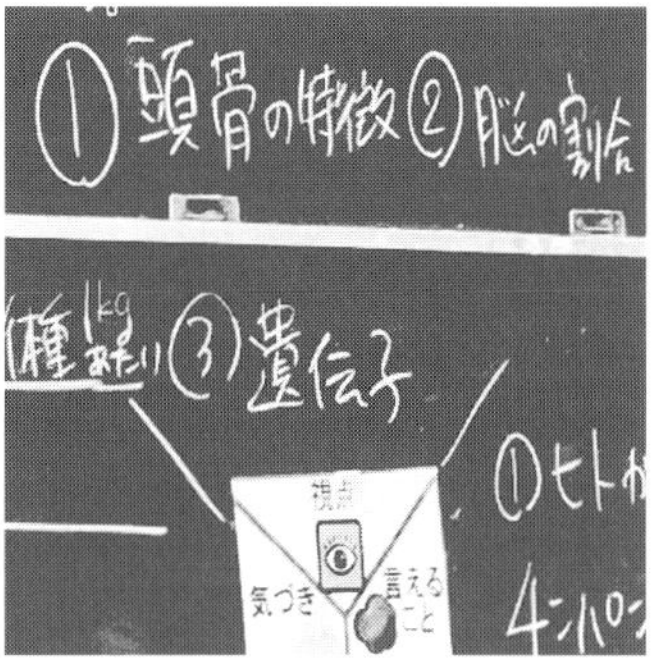

▶この順番でデータを分析する

すると、子供は、こう答えた。

「えっ？　納得なんて言いましたっけ？」

おそらく、なんとなく納得していたのであろう。しかし、その理由がはっきりとしていなかった。表面的なのである。浅い感じなのだ。

しかしながら、ここで子供は問いかけに対して立ち止まり、じっくりと熟考を始めた。丁寧な振り返り、学習のリフレクションを始めたのである。友達と二人で話合いを始めた。

「確かに納得って言ったね」

「どうして納得なんて言っちゃったんだろう」

そのうちに二人がぽつぽつと語り始めた。

「自分の感覚だけではなくて、誰もが分かる数字で示されたからかな」

「脳の重さの割合だけではなく、遺伝子など、いくつかの理由があったからかな」

「骨格のこと、割合のこと、遺伝子のことと、順番に学んだから。だから、よく分かったのかな」

ここまで話すことができるようになれば、なんとなく納得、と話していた状態よりも深く学んでいることが理解できる。そこで、さらに問いかけてみた。

「振り返ってみてどうでした？」

子供は、

「丁寧に振り返ったら、まとめが『納得』になった」

そして、次のように語った。

「理解が深まった」

と。まさに、子供の中で「深い学び」が具現しているのである。そこで、「深い学び」について、

「理解が深まるってどういうこと？」

と尋ねると、

「えっ？　深まるなんて言いましたっけ？」

と、先ほどの「納得」の時と同じように反応するのである。感覚的には深まったのであろうが、はっきりしない。まだ浅いのである。

しかし、ここで再び子供は、熟考、丁寧な振り返りを始めた。すると、次のように語り始めた。

「そうだ。脳の重さの割合は、きっと遺伝子で決まるんだと思う。**学んだことの関係に気付くことができ**

た。それが深い理解ってことかな。だから、あの順番で学習したんだ。

そうか、関係性が見えてくると楽しい。印象に残るし、テンションが上がる。きっと人にも自信をもって説明できそう。自分の言葉で話せそう」

「そうか。そういうことか。私は最初、ヒトに近い生き物を『見た目』で考えていた。でも数値や複数の根拠が大事だと分かった。どこが分かっていなかったか、自分の予想の仕方をどう直せばよいか、今度はどう考えればよいか、がはっきりした。なんかすっきりした」

「そうだね。なるほどって感じがした」

こうして子供は、自らの学びを深めていく。

知識の構造化（ネットワーク型Ⅰ）

＊

中学生の姿から、少しずつ、しかし確実に「深い学び」に向かっていく様相が理解できる。

最初は、表面的な言葉だけの理解が、データと結び付きながら、最後は**獲得した複数の事実的で宣言的な知識をつなぎ合わせて「進化」「遺伝」についての知識を構造化し、概念化し**ようとしている。こうした学びを「深い学び」と考えることができる。

ここで注目したいのは、「すっきり」「なるほど」などの**手応えに関する言葉**である。「深い学び」は、おそらく、とても快適で、とても気持ちよく、次の学びに向かおうという気持ちを生み出してくれる学びなのではないだろうか。だから、「自信をもって説明できそう」といった言葉も出てくるのであろう。「深い学び」と「主体的な学び」が強く関係していることも子供の姿から理解することができる。

「深い学び」を生み出した要因

こうした「深い学び」は、どうして生まれたのであろうか。先に示した学習場面が単元の終末に位置付けられている単元構成、学習者の組合せや学習形態など、要因は様々に考えられ、それらが複合的に影響を及ぼしたと考えるべきであろう。

しかしながら、授業後の私とのやり取りの中から、ポイントを挙げるとすれば**「開かれた問い」の重要性**が見えてくる。子供に問いかけている言葉は、どれも「どうだった」「どう

▶「どうして」「なぜ」と自問自答し、それを表現したことで、最後には手応えを得て笑顔に

して」「どういうこと」を繰り返している。こうした問いは、どれも**正解としての答えを、一言で求めるような問いではない**。「なぜ（WHY）」「どうして（HOW）」と問うことは、自分の考えを、一定の文脈に沿って、ある程度の文章量で示すことが期待できる。「何（WHAT）」「誰（WHO）」「いつ（WHEN）」「どこ（WHERE）」の問いは、単語一つで答えることが可能な問いでもある。

　こうした**開かれた問いが、子供の知識と知識を関連付け、結び付けて構造化した知識を生み出すことに向かう**のであろう。気を付けなければならないことは、だからといって、教師から「どうして」とばかり問うていればよいということではない。一人一人の子供の中に「どうして」「なぜ」と問い続ける状況を生み出すことが肝心なのであろう。そして、そこで生成された構造化された知識が、**音声や文字となって表現されること**も重要なポイントになる。なぜなら、表出されることで、成果物としての構造化された知識、つまりは自分の考えを自覚することができるからである。

ここに、教師の指導のポイントが見えてくる。子供の姿としては、身に付け、獲得し、手に入れてきた知識を「**活用・発揮**」することが大切であり、そのことが知識の構造化を実現し、駆動する状態へと向かわせていく。したがって、指導する教師は、一人一人の子供の中において、そうした状況が生まれるように整えていくことが大切になる。そこには、**単元構成、学習環境、学習形態、学習活動、学習指導**などの様々な階層や局面が考えられる。それらを教師が自覚し、期待する状況が整うように、積極的に仕掛けていくことが、「深い学び」を具現するのであろう。

Factor 1 ▶ 問いかけ方

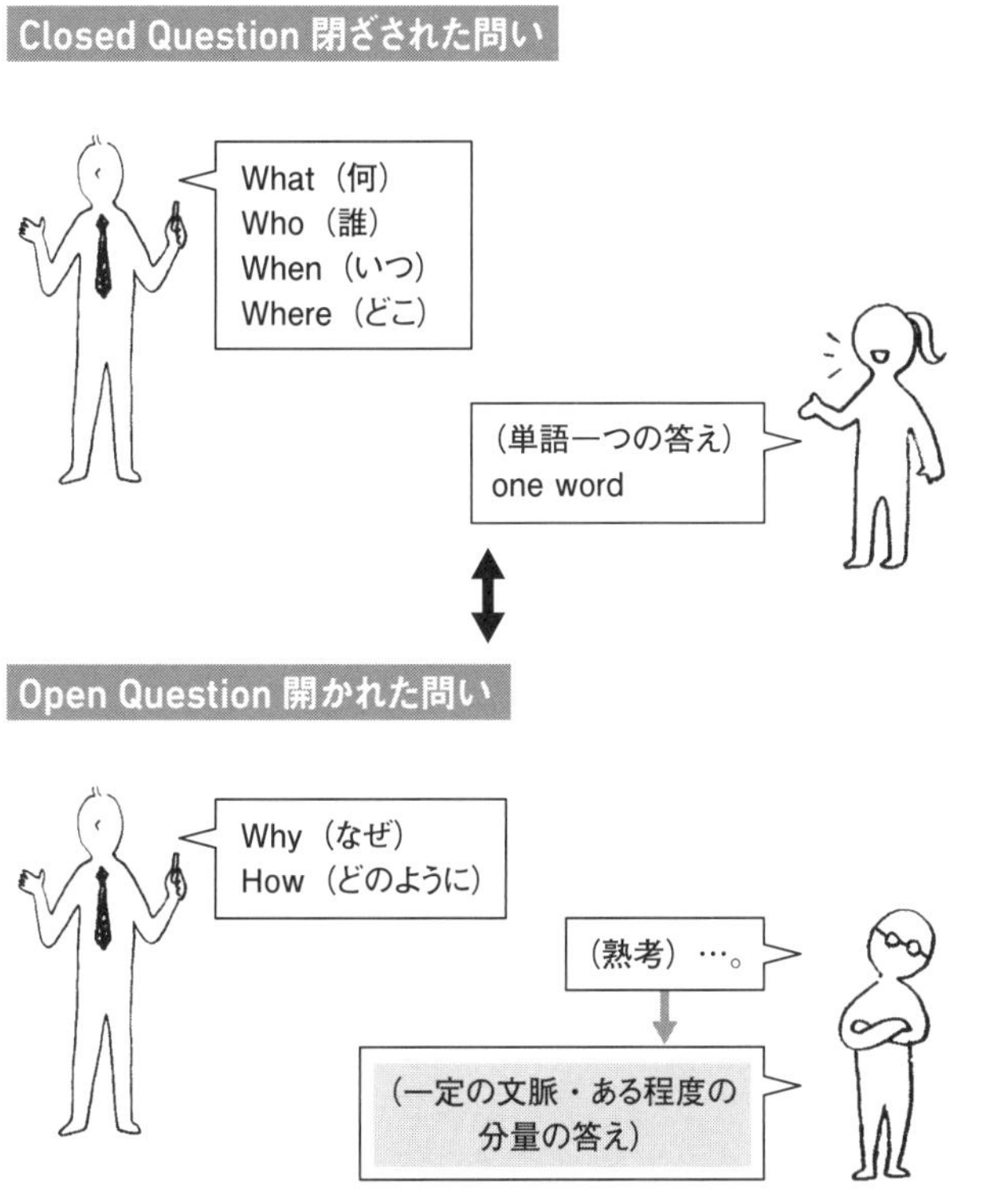

子供が自らに問い続ける状況が生み出され、「深い学び」に向かっていく

case 2　小学校６年　社会科

江戸幕府

単元の概要と学習活動

　過去の出来事から学び、未来へつなげるために歴史学習を行っていきたい。大単元の中に「長く続いた江戸時代、そのわけは？」という小単元を設定し、江戸時代の歴史的事象について、その事象の起きた理由を考え、予想し、確かめるという学習を展開していく。「江戸を目ざす行列」「江戸幕府と大名」「鎖国への道」「鎖国のもとでの交流」「人々の暮らしと身分」という順で学んでいくようにする。単元の終末では、「かわら版」に表現することで、学習の成果を確かにしたいと考え、単元を構成していく。

　学習の場面は、「江戸幕府と大名」について学ぶ場面である。大名の配置や武家諸法度、参勤交代の制度について調べ、江戸幕府は、大名たちが力を付けられないような仕組みをつくり、強い力で全国を支配していたことを理解することができるようにしたいと考えて学習活動を展開している。

「深い学び」に向かう子供の姿

この時間の課題は、「徳川幕府は、どのようにして地方の大名を従わせていたのだろうか」だった。「武家諸法度」「大名の配置」「参勤交代」の資料を提示し、それらの中から、一番効果があったと予想されるものを選択して調べ、調べたことをもとにして情報交換していくようにした。必要に応じて、幕府の立場や大名の立場で考えたり、それまでに学習してきた時代と比べたりして検討を進めてきた。

【武家諸法度】
江戸幕府が諸大名を統制するためにつくった法令。大名の心得や城の修築の制限、婚姻や参勤交代の制度などについて規定したもので、一六一五

▶ロールプレイングやインタビュー形式で、それぞれの立場を代弁していく

年徳川家康が示した一三か条が最初である。一六三五年、徳川家光の時に改訂され、一応の完成をみたが、以後も部分的に改訂が続けられた。

【大名の配置】
大名は徳川将軍家との関係性に応じて「親藩」「譜代」「外様」に分けられる。江戸近隣は幕府直轄領（幕府が直接治める場所。天領と呼ばれる場合もある）と親藩、譜代大名で固めた。外様大名は遠国に配置した。街道の要所や京都、大阪などの大都市、佐渡や石見などの鉱山資源のある土地も幕府の直轄とした。また、外様大名同士を分断するように親藩・譜代の領地を置き、「監視」するようにした。

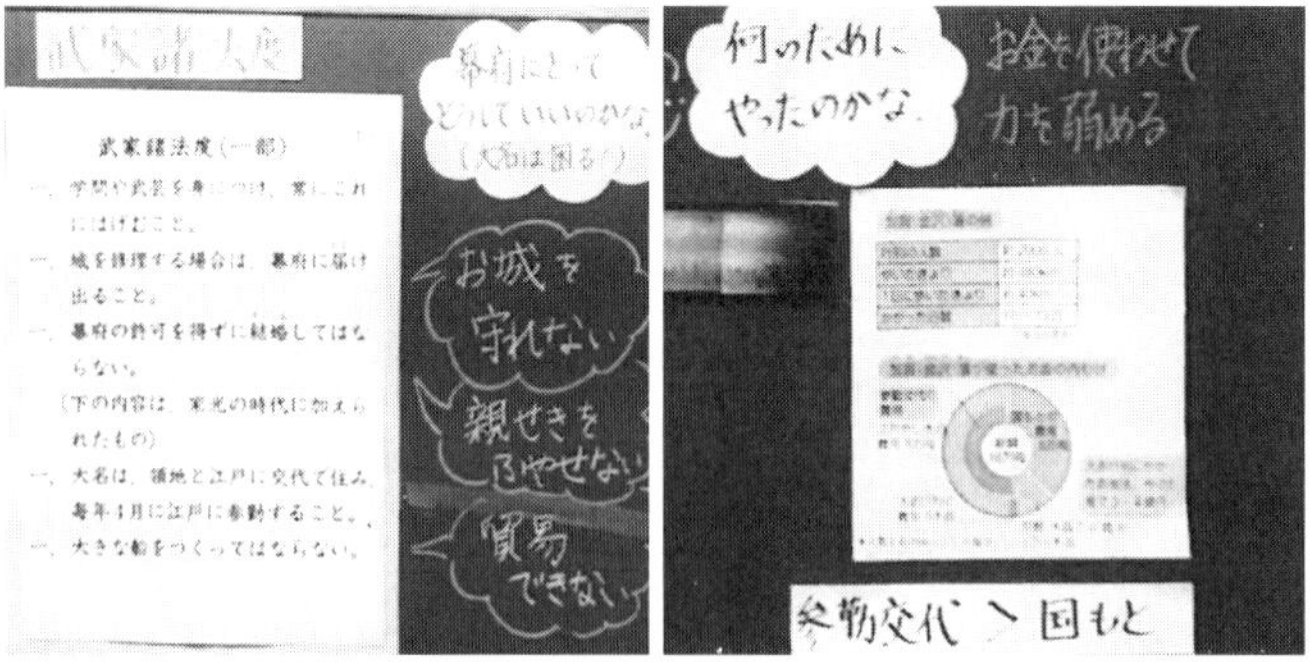

▶「武家諸法度」「大名の配置」「参勤交代」に関わる各資料を見比べる

【参勤交代】

三代将軍の家光の時、大名は、一年ごとに江戸と領地に半数ずつ住まわせるという参勤交代という決まりが武家諸法度に付け加えられた。また、大名の妻子は江戸に住むようにした。大勢の家来を江戸と領地とを往復させるので、大名には多くの費用がかかって、大名の経済力を弱めることにつながった。参勤交代の時には長い行列ができるので、それを「大名行列」と言った。


それぞれの発表を聞いていた子供が、だんだんと身を乗り出してきた。黒板に記されている文字や写真、資料を何度も何度も見つめている。ノートを見直し、資料もめくりだした。そのうちにぽつんとつぶやいた。

「全部だ」

しばらくして、さらにこうつぶやいた。

▶資料との対話、仲間との対話を通じて、子供の中の知識が駆動してきている

「そうか。**一つ一つではなくて全部が関係しているんだ。三つをつなげて、大名の財政力を弱めたんだ**」

知識の構造化（ネットワーク型Ⅰ）

こうして子供は自らの学びを深めていった。

＊

子供の姿から、徳川幕府が行っていた政策の一つ一つが、地方大名を支配下に置くための具体的な取組であることを理解していることが分かる。しかし、それだけではなく、**それぞれの施策は一体となって、地方大名の財政力を弱めようとしているという総合的な政策実現への道筋**に気付き理解していることが分かる。こうした学びを「深い学び」と考えることができる。

ここで注目したいのは、**子供は何かに気付き、触発されると自ら学びに向かう姿を見せる**ことである。「三つの政策には関係があるぞ、共通点があるぞ」と発表から気付いた子供は、身を乗り出し、前のめりになって黒板に目を向けていく。それだけではなく、既習の内容をノートや資料を使って自ら確認しようとする。こうした学びの繰り返しこそが、持続的で安定的な学びに向かう力を、確かに育成していくのであろう。

①-1 宣言的な知識がつながるタイプ　(cf：p.44)

【ネットワーク型Ⅰ】

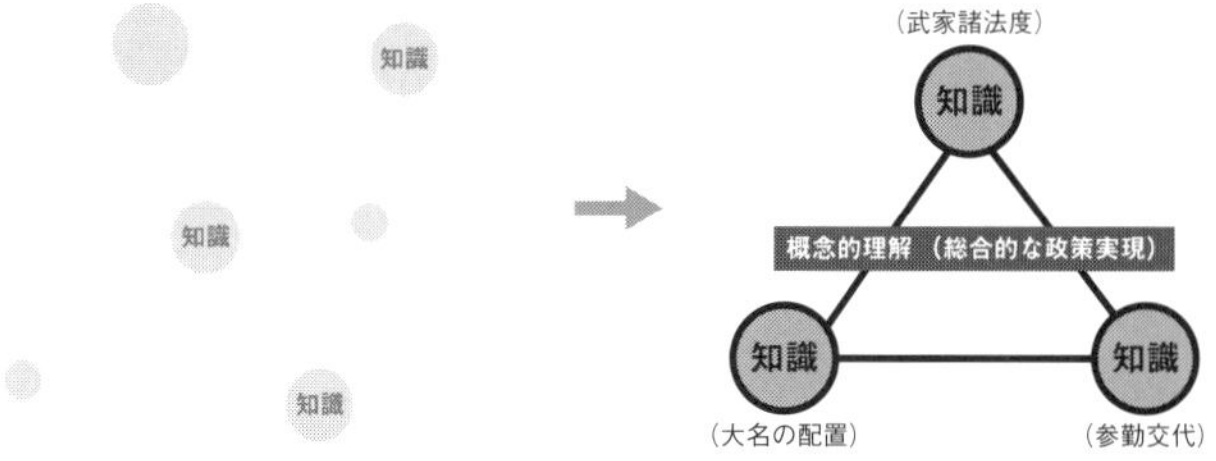

「深い学び」を生み出した要因

こうした学びが生まれた要因については、教師から提示された**中心的な発問、本時の課題**が影響していると考えられる。「どのようにして」と問うことによって江戸時代に徳川幕府が支配構造を完成するに至った理由を、いくつかの資料から考えるようになっている。また、徳川幕府が永続的な支配構造を生み出した理由を、三つの取組の共通点や関係性から見いだそうとしている。そのことが、**単独で個別の知識のみで考えるのではなく、複数の知識を活用する状況**を生み出している。

また、そうした話合いの中で出てくる情報を、教師が適切に構造化して板書することも欠かせない。三つの取組を可視化すること、それぞれの関係を見える化しておくことが板書においては重要になる。これまで行われて

▶資料・写真の配置、文字の大きさ・色、見出しや矢印の方向の工夫で思考を促進する

いた学習成果を記録する機能としての板書から、学習活動や**思考を促進する機能としての板書**へと質的な転換を図ることが求められている。そのためにも、板書を構造化するような思考ツールの活用が欠かせない（七六・七七ページ、資料4参照）。

黒板を、子供が活用する大きなホワイトボードや模造紙と見立てて考えればイメージしやすい。黒板の板書を構造化するためにも、どのような知識や情報を、どの場所に、どのような文字や色などでレイアウトしていくのか、といった視点で板書を検討し直すことが必要になる。その際の一つのヒントとして思考ツールがあると考えることもできる。

Factor 2 ▶ 課題提示の方法

中心的な発問と課題提示

POINT 複数の知識を活用する状況をつくる発問を意図的に行う

例：「どのようにして…のだろう?」
「どうして…のだろう?」

↓ support

意図のある本時の課題

例：「どのようにして、徳川幕府は地方大名を支配していたのだろう」

構造化された板書

POINT 知識や情報を可視化し、構造的に板書する

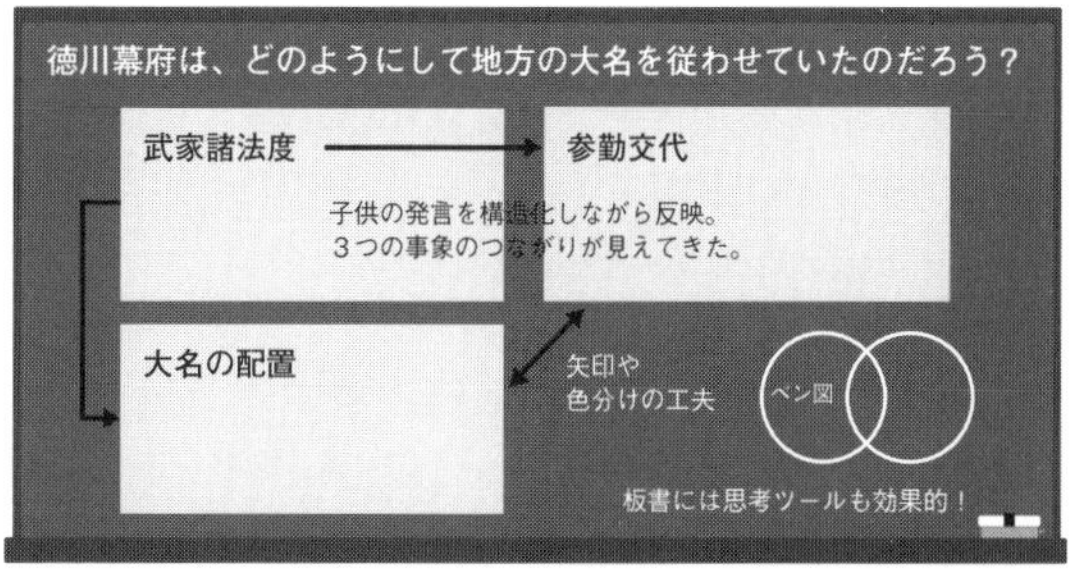

子供の思考が促進され、
「深い学び」に向かっていく

case 3　中学校１年　社会科

北アメリカ州

単元の概要と学習活動

アメリカ合衆国は、子供の生活と深く関わり、子供の日常生活において最も身近な国の一つである。北アメリカ州を学ぶ際には、中心的に扱うように単元を構成していく。

アメリカ合衆国を学習する中で、自然、農業、工業などの特徴を捉え、分布を把握するようにしていきたい。そのために、一枚の地図にまとめて整理することを学習活動の中心として展開していく。地図を作成しながら情報をまとめることで、地理的特色を捉え、その関係をつかみ、地域性を明らかにしていく今後の地域学習のモデルケースにしていきたい。

アメリカ合衆国に関する地理的要因を様々な角度から調べたり、一人一人の関心事に応じてアメリカ合衆国を詳しく調べたりした上で、互いに学び合い交流するとともに、アメリカ合衆国に対する理解を深めていくことを期待し展開していく。

※１（p.111）各グループ内でメンバーそれぞれが、一つの課題の担当となり探究し、調べたことなどをもち寄り発表し合う学習法

「深い学び」に向かう子供の姿

学習活動の場面は、六時間単元の六時間目である。アメリカ合衆国について、自然、農業、工業、鉱工業と順番にイラストマップを使って学んできた。この場面では、単元の最後に、自分の関心事を調査し、それをジグソー学習[※1]的に交流していく学習活動を行った。グループの話合いはとても活発で、子供たちは身を乗り出して話合いをしていた。

それぞれの調査内容は次の四つだった。

- アメリカ合衆国の大企業の本社
- アメリカ合衆国の植民地化
- アメリカ合衆国の観光地
- アメリカ合衆国の国立公園、自然遺産

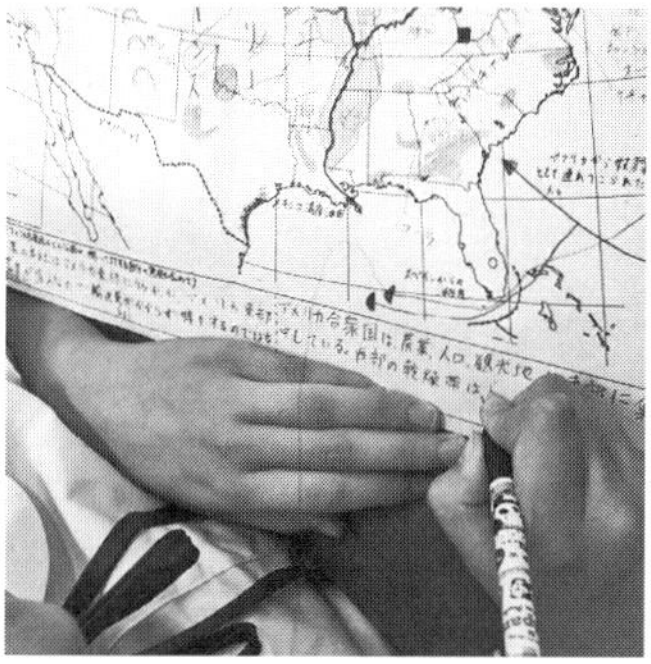
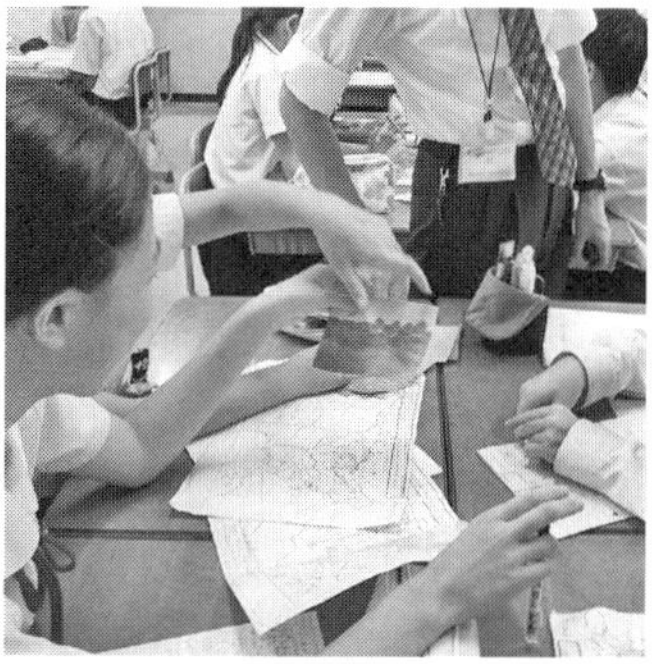

▶話合いは活発でにぎやか。成果物も出来上がってきて順調だが…

端から見たその場の学習の様相としては、おそらくとても主体的で対話的な学びが実現されているように感じられたのではないだろうか。

しかし、いくら見た目が前向きであっても、いくら話合いがにぎやかでも、その場の話合いの中身が問われることになる。話し合っていることがその教科等で期待するものであり、しかも、話合いを行うことで質的に高まっているかが問われることになる。

実際に、詳しく子供の学びの姿を捉えてみた。「アメリカ合衆国の大企業の本社」について、自分の考えをイラストマップに書いている子供の学びは、話合いの前後におけるノートの記述を比べてみても、さほど高まっているようには見えなかった。

そこで、本人に聞いてみることにした。

「考えは変わりましたか?」

すると、

「大きくは変わりません。少しは、理由が確かになったかもしれません。観光地も自然公園も植民地のことも直接は関係ありませんでした」

と、答えが返ってきた。そこで、さらに聞いてみた。

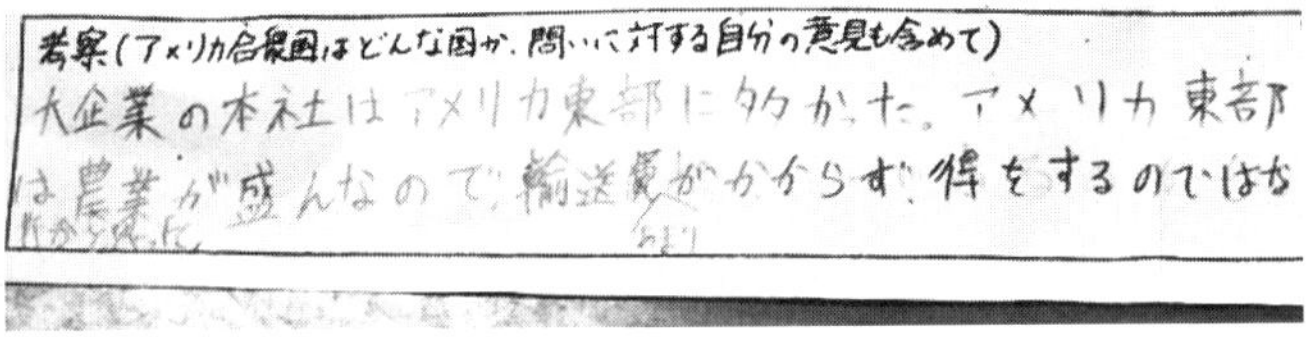
考察(アメリカ合衆国はどんな国か、問いに対する自分の意見も含めて)
大企業の本社はアメリカ東部に多かった。アメリカ東部は農業が盛んなので、輸送費がかからず、得をするのではないか

▶「大企業の本社の位置」は、他の諸事象との連関は本当にないのだろうか?

「全く関係ないのですか？」

すると、

「観光地が多いのは、人口と関係があるようだから、本社が東海岸に集中していることとは関係があるかもしれないです」

と、少しくらいは関係があるのかもしれないと答えた。話合いは盛り上がり、意見交換が活発に行われていたように見えたものの、その中身はどうも曖昧であることが明らかになってきた。深まっていないのである。

そこで、しつこく聞いてみた。

「植民地化を調べた人がいましたよね。それについてはどうですか？」

質問を繰り返されているからか、「かなりしつこいなあ」といった表情を浮かべながらも、じっくりと考えて次のように語ってくれた。

「**ヨーロッパによる植民地化は、東海岸から進んでいったから、最初は食糧を確保するために農業が盛んになり、結果的に歴史ある大企業の本社が東海岸に残っているのかもしれない**」

知識の構造化（ネットワーク型Ⅰ）

よくよく考えてみれば、植民地化のことも大企業の本社の位置と関係があるかもしれないと語り出したのである。さらにしつこく聞いてみた。

「もし、ヨーロッパが西海岸寄りにあったら、大企業も西海岸に集中したのかな」

すると、

「**サンフランシスコやロサンゼルスなどは地中海性気候だから、農業が発展して同じように大企業が集中したかもしれないけど、内陸は乾燥地帯だから同じようにはならないと思う。きっと東側には五大湖があって、水資源が確保できたはずだし…。だから、西側に自然の豊かな国立公園も残っているのかな**」

知識の構造化（ネットワーク型Ⅰ）

ここまでくると、「関係ありません」と答えていた最初の状態と比べて、明らかに深く学んでいることが理解できるであろう。

＊

個別に調べた調査内容は「大企業の本社」「植民地化」「観光地」「自然公園」などであっ

た。子供だけの話合いでは、それらの個別の宣言的な知識は十分につながることなく、バラバラのままだった。

授業後に**問いかけを繰り返したことによって**、地理的な条件と植民地化が進んでいった経路などによって農業の発展と普及が進んだことと、人口の集中が起こったことを結び付けて考え始めている。それと同時に、人口の集中は気象状況の影響も深く関係しており、ふんだんに水資源が確保されたかどうかも影響していると考え始めている。結果として、自然公園を調べた調査結果も**つながりを見せ始めている**。

こうして子供は、一つ一つの個別バラバラの知識を関連付け、結び付け、組み合わせている。こうした学びこそ「深い学び」と考えることができる。

「深い学び」を生み出した要因

ここでの学びの過程を見てみると、注目すべきは**「しつこく」繰り返し問いかけていること**にある。そうしたしつこい問いかけをいつもすればよいと言いたいわけではない。むしろ、そうしたしつこさは子供に敬遠されることになるかもしれない。重要なポイントは、しつこくしつこく、何度も何度も、「どうしてだろう」「なんでだろう」と**自らの中で問い続け、自**

問自答し続けることなのである。そうした状態が生まれれば、おそらく個別の知識や情報はつながり始めるのではないだろうか。

指導する側に欠かせないことは、そうした「なぜだろう」「どうしてだろう」と考え続ける子供の姿を具現することにある。そのためにも、考え続け、問い続けることを何度も何度も経験することで、そうした学びを身に付け、いつでも自分で問い続けることのできる子供に成長することも大切であろう。

あるいは、グループやチームの中で「なぜだろう」「どうしてだろう」と問いかけ合うことができ、互いの考えを深め合える集団であることも大切になろう。さらには、課題や問いそのものが「なぜだろう」「どうしてだろう」と、とても気になるものであり、自ら問い続ける姿を生み出すものであることも重要になる。どちらにせよ、考え続け、問い続ける姿が生まれるように、学習の場面や状況を整えることが大切なのである。

先の子供の姿を単位時間の中で生み出すことが求められる。**ただ単に前のめりになっていればよいわけではない。なんとなく活発そうに話し合っていればよいわけではない**。そこで話し合っている内容が**期待する教科等の内容**に向かっているのか、質的に高まっているのか、に十分注意して学習活動を行うことこそが、今、求められているのである。

Factor 3 ▶ 自問し、自答する

自問自答する個に成長

POINT 自分自身に
問い続ける経験を
何度も経験する

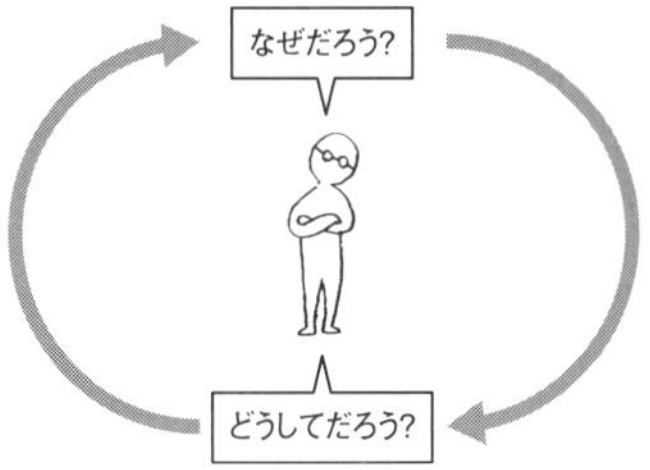

自問自答する集団の支え

POINT 互いに問いかけ合い、考えを深め合える集団となる

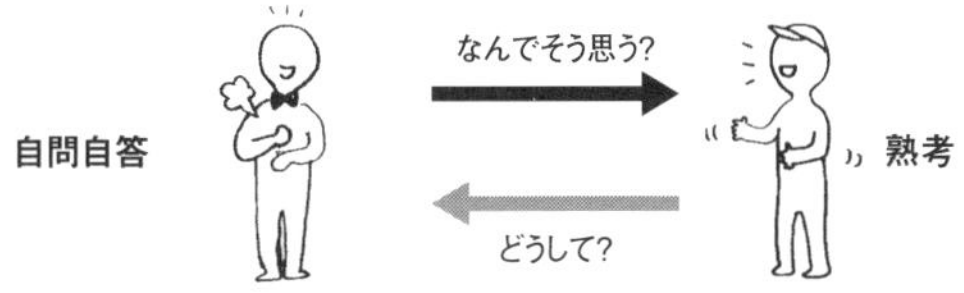

自問自答する課題の設定

POINT「これを解決したい」と子供が
自然に思うような学習の
課題が不可欠

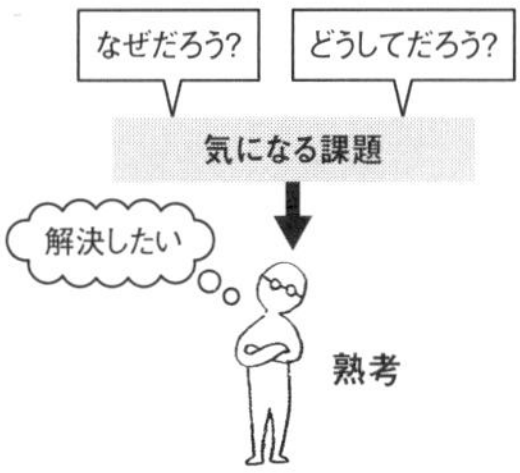

問い続け・熟考し続けるようになり、
「深い学び」に向かっていく

case 4　小学校5年　家庭科

寒い季節の暮らし

単元の概要と学習活動

「衣服の着用と手入れ」と「快適な住まい方」を組み合わせて単元を構成している。日頃、当たり前に着ている衣服の働きや着方、当たり前に暮らしている住まいの働きや住まい方について、どうあれば快適なのかを考えていくようにする。

人にとって最も身近な環境は、人と衣服の間にできる空気層の「衣服内気候」であり、人と建物との間にできる空気層が「住居気候」であることを大切にしたい。着方も住まい方も「暖かい空気をつくること（空気の層をつくること）」「その空気（熱）を逃がさないこと」「冷たい空気を入れないこと」が大事であるという共通点がある。それを、調査や体験、観察・実験などを通して実感することで、着方や住まい方への子供の意識が変わり、自らの生活をよりよくしようと工夫する実践的な態度へとつなげることができる。

暖かく住まう工夫とともに、換気と採光についても取り上げ、快適な住まいには「気持ちよさ」だけではなく、「健康・安全・環境への配慮」などの視点も大事であることに気付くようにしていく。また、快適さは人によって異なることに触れることで、自分にとっての快適さを意識するとともに、他者の感じる快適さにも目を向け、人と環境（空間）との関係、そして生活している人自身に、目を向けるきっかけをつくるようにしたい。

「深い学び」に向かう子供の姿

授業では、暖かさの理由を見付けるために班ごとに以下の実験を行い、結果と分かったことをまとめていった。

【実験内容】

①空気の量と暖かさの関係
「衣類用圧縮袋を使って空気を抜くと？」
②布の種類と暖かさの関係
「湯の温度の下がり方は？」
③布の枚数と暖かさの関係
「湯の温度の下がり方は？」
④手袋の枚数と冷たさの関係
「凍った容器を同時に握ると？」

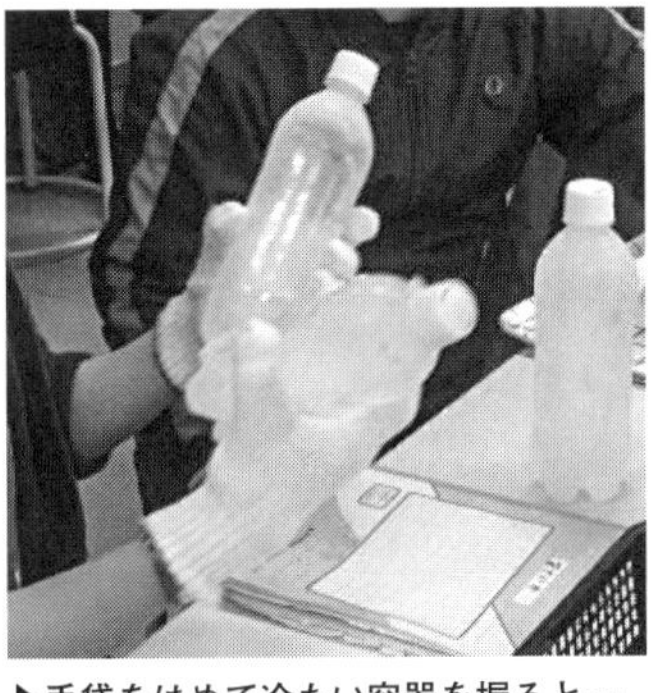

▶手袋をはめて冷たい容器を握ると…（実験④）

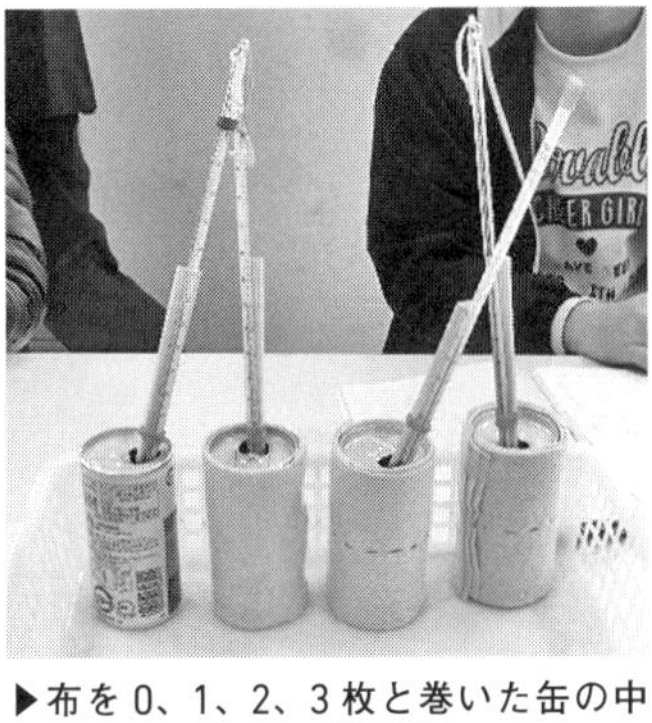

▶布を0、1、2、3枚と巻いた缶の中の湯の温度は？（実験③）

⑤ビニール袋の空気の有無と冷たさの関係
「氷を同時にさわると?」
⑥上着の通気性と暖かさの関係
「扇風機の風に当たると?」
⑦首に着用する三つの物と暖かさの関係
「つけたりはずしたりすると?」


その後、結果と分かったことを全体で交流していくこととした。

まず、⑤の実験結果から発表させ、その後、子供同士の話合いを展開していくようにした。

「ビニール袋に空気が入っていない方が冷たくて、空気が入っている方が冷たくない」

「空気があると冷たくないんだね」

「そうそう。空気の層があるからだよ」

「空気ってすごいね」

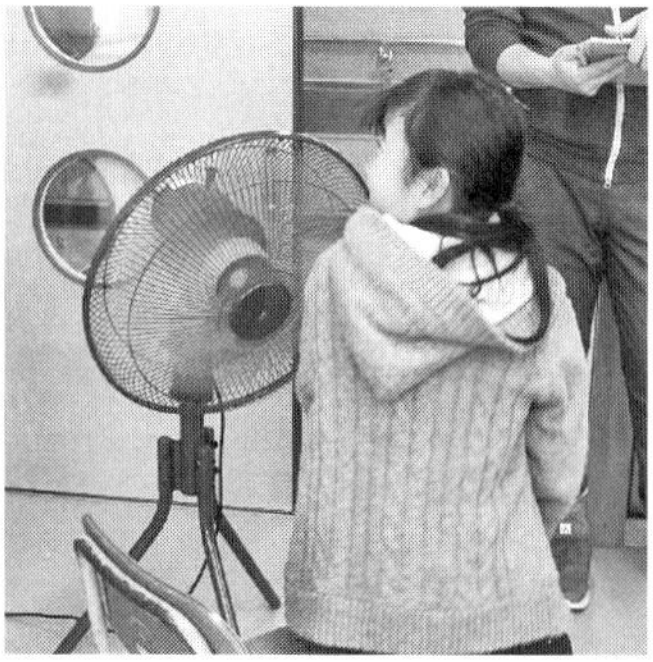

▶「衣服内気候」を実感する（実験⑥）

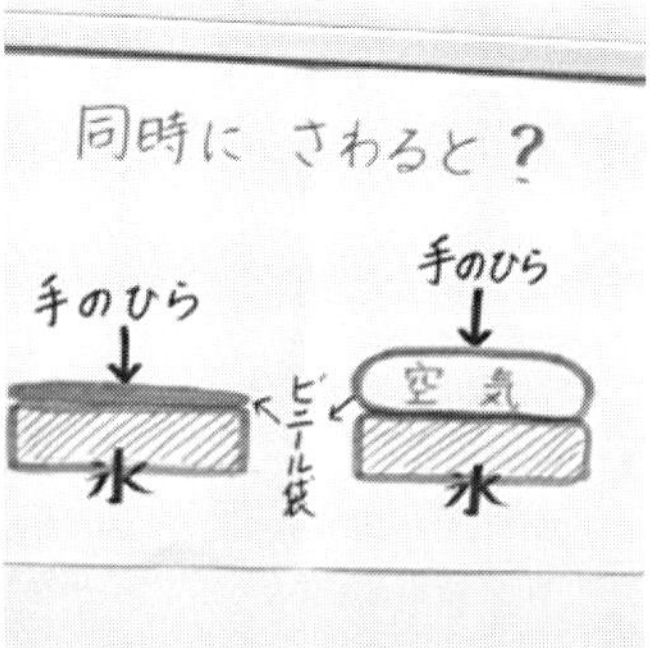

▶空気の入ったビニール袋の上から氷に手の平を置くと…（実験⑤）

ここで、教師が「空気の層」を言葉と図に示し確認した。

すると、子供は他の実験結果について意見を出し始めた。

「③の実験は、『枚数が多くなるほど暖かい』って書いているよ」

「着る枚数を増やすとよいってことだろうけど。それって重ね着ってこと?」

「④も、重ねるといいってことだよね。『手袋を増やすにつれて冷たくなくなってきた』という実験結果だから」

「そっか。**暖かさの原因は、枚数を重ねて空気の層が増えたってことなのかな**」
③や④の実験と⑤の実験を関連付けて話す子供が出てきた。すると、
「②では、『厚い布の方が温度が下がりにくい』って

知識の構造化(ネットワーク型Ⅱ)

結果だよ」

「厚い布と空気の層は関係あるのかな?」

「そのことなら①に出ているよ。①の実験では厚さのことを調べているんだけど、『生地の厚い方が空気を多く含む』って結果だったよ」

「なるほど。**厚い布って、空気が多いんだね。だから、空気の層ができて暖かいんだ**」

「なんかおもしろいなあ」

「**別々の実験だけど、関係があるみたい**」

ここで、教師が、

「⑥や⑦の実験はどうですか?」

と、問いかけると、一瞬静まりかえり、意見が出なくなった。

しかし、

「⑥や⑦は、『空気の層が増える』っていうより『空気の層を入れたり出したりしたりしない』って感じがする」

知識の構造化(ネットワーク型Ⅱ)

という発言をきっかけに、

「⑥は、『ジャンパーを着た方が暖かい』って結果でしょ。ナイロンみたいなものが風を通さないってことだよね」

「そうそう。空気の層が暖かくしてくれるんだから」

「マフラーとかで首を温めることも似ているね」

と、続いていった。

こうして子供は、友達と話し合いながら学びを深めていった。

知識の構造化（ネットワーク型Ⅱ）

*

子供の姿から、「空気の層」には断熱効果があり、結果的に暖かさを生み出していることに気付いていることが分かる。また、「空気の層」のイメージを明らかにしながら、少しずつ**「空気の層」と他の事実をつなげている**。そして、寒い冬にどのような衣類の着方をすることが好ましいのかを考え、**日々の暮らしとも関連付けている**ことが分かる。

先に示した子供の姿の中でも、空気は熱伝導率が極めて低く、動かない空気が最も断熱効

①-2 宣言的な知識がつながるタイプ (cf：p.45)

【ネットワーク型Ⅱ】

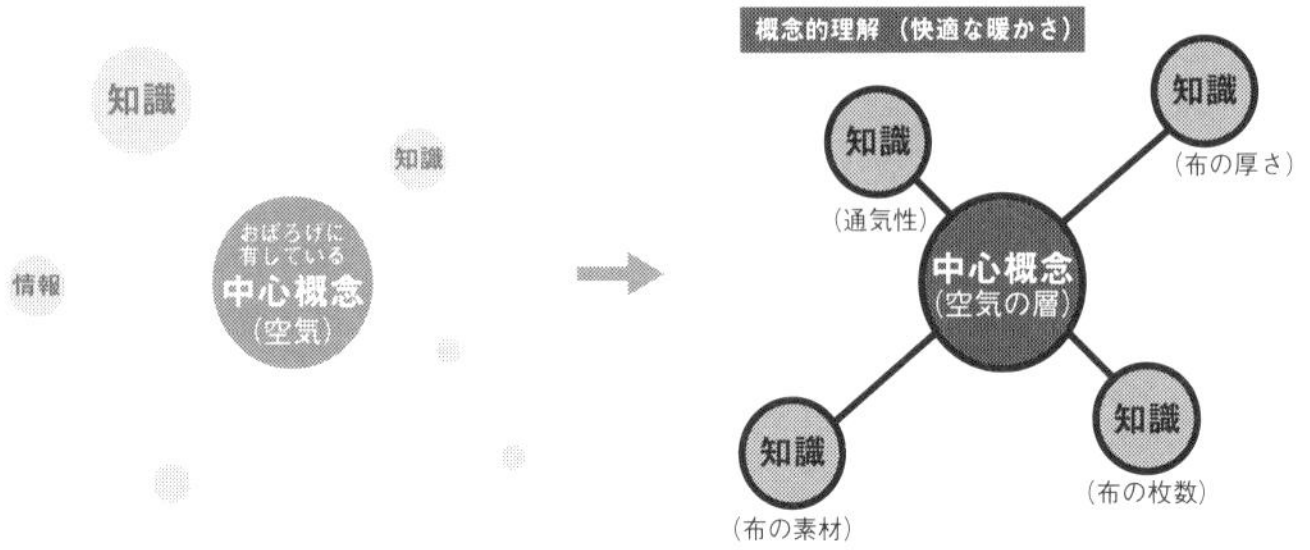

果が高いことを**中心的な概念**としていることに注目したい。そこに、布の枚数、布の厚さ、布の素材などの実験結果としての**事実的な知識**を関連付けながら、暖かい衣服の着方の理由を明らかにしている。さらには、「空気の層」が出入りしないことも暖かさを生み出す理由としてあることを発展的に考えている。

　宣言的な知識を相互に関連付ける場合には、個別の一つ一つの知識をつなぎ合わせ、結び付けて構造化された概念的な知識を構成していくことが考えられる。一方、この実践のように、構造の中核となる**中心的な概念としての知識に、他の事実的な知識がつながっていき、中心的な概念を次第に確かにしていくような構造化の道筋**もイメージすることができる。

　このように知識を関連付けて学び、知識の構造を高度化していくことを「深い学び」と考えることができよう。

「深い学び」を生み出した要因

この実践で「深い学び」が生まれた要因は、中心的な概念となる「空気の層」を扱う場面にある。七つの実験を行うことはもちろん重要であるが、教師は、その中でも⑤の実験（ビニール袋の空気の有無と冷たさの関係）を一番最初に取り上げていることに注目したい。まず、最も「空気の層」をイメージしやすい実験⑤を取り上げて、そこで**「空気の層」を図示**

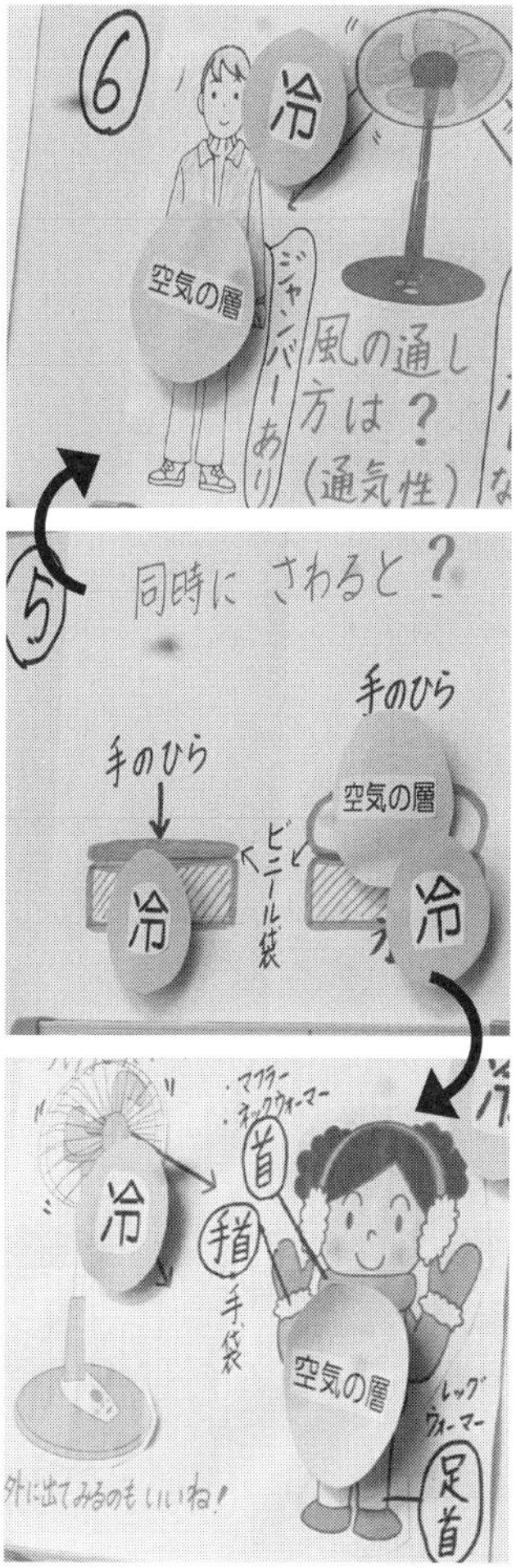

▶「空気の層」の図示が、他の実験での知識をつなぎ合わせる

しながら、実際の体験と結び付けて、「空気の層」の熱伝導率の低さとその存在が保温効果につながることをイメージとして共有している。そして、その事実を「空気の層」という**言葉で明確に押さえている**。その結果、他の実験と「空気の層」という知識をつなぎ合わせることが始まり、「深い学び」を具現することに成功している。

どのような実験を行い、どのような事実的な知識を獲得するかを考えるとともに、その事実的な知識が、どういった順番で取り上げられることで構造化に向かいやすいかを考えることも極めて重要になる。

何を、どういった順番で学ぶことが望ましいのかを工夫することが、子供の「深い学び」を確かに実現していくのではないだろうか。

Factor 4 ▶ 指導の順序と明示

事実的な知識の把握と吟味

POINT 1
その学習活動によって子供が獲得する知識にはどんなものがあるか把握

POINT 2
その中に、一番はじめに押さえるべき中心的な概念がないか吟味

言葉で明示的に押さえる

POINT
中心的な概念を言葉で明確に押さえることで、他の場面に関連付けやすくなる（＝使いこなしやすくなる）

これを「空気の層」と言います

中心となる知識が自覚化され、「深い学び」に向かっていく

case 5　小学校 3 年　音楽科

楽しいリコーダー

単元の概要と学習活動

リコーダーは、息を吹き込めば音そのものは出すことができるが、リコーダー本来の美しい音を出すことは容易なことではないだろう。子供がリコーダーという新しい楽器と出合い、姿勢や楽器の構え方、息の使い方、指の運び方や穴の押さえ方など、必要となる基本的な技能を身に付け、音楽の楽しさや演奏する喜びを感じられるようにしたい。

単元全体の構成としては、まず、『小鳥のために』『さん歌』を教材として扱い、リコーダーの美しい音色を味わう。演奏の技法も楽しむことができる。リコーダーに初めて出合い、その音色や軽快で心地よい音に憧れを抱けるようにしたい。次に扱う教材は、『にじ色の風船』。2 音（シとラ）だけでできており、リズムも平易なので、子供がリコーダーですぐに演奏しやすい本格的な曲と考えることができる。さらに、『小さな花』では、新たな音（ソ）を加え、曲名も意識することで、息の使い方やタンギング※2 を工夫したり、リコーダーの音色や響きに心を向けたりするようにしたい。

最後に、『かりかりわたれ』『さよなら』では、ドとレの音を加え、例えば、パートを分けたり、二重奏や二部合奏を楽しんだりするなど、子供の習熟度に応じた活動を行う。また、音の響き合いをしっかりと感じ取ることも大切にしたい。

※ 2　舌を使って音を短く区切りながら一音ずつ演奏する練習法。

「深い学び」に向かう子供の姿

リコーダーという新しい楽器と出合い、演奏に必要となる基本的な技能を身に付けるための学習を行う。もちろん、子供が楽しみながら、身体を通して実感しながら学ぶことができるようにしていく。その際、リコーダーの技能を手続き的な知識として顕在化すれば次のようになる。

① 姿勢（ア：重心をしっかりとさせる　イ：おなかに力を入れる　ウ：足を踏ん張る）
② リコーダーの持ち方（左手が上）
③ 穴の押さえ方（指の腹でしっかりと）
④ 息の使い方（タンギング、息の吹き込み方…高い音ほど「ティー」という感じ。高い方から「テ

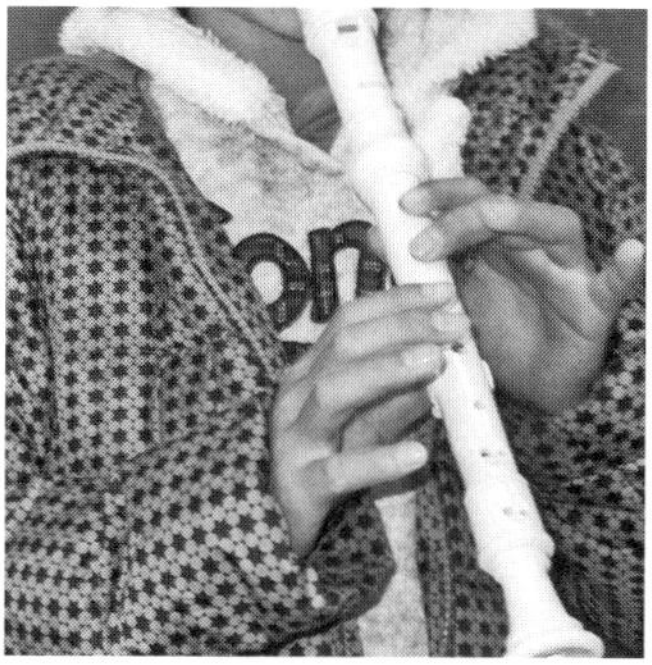

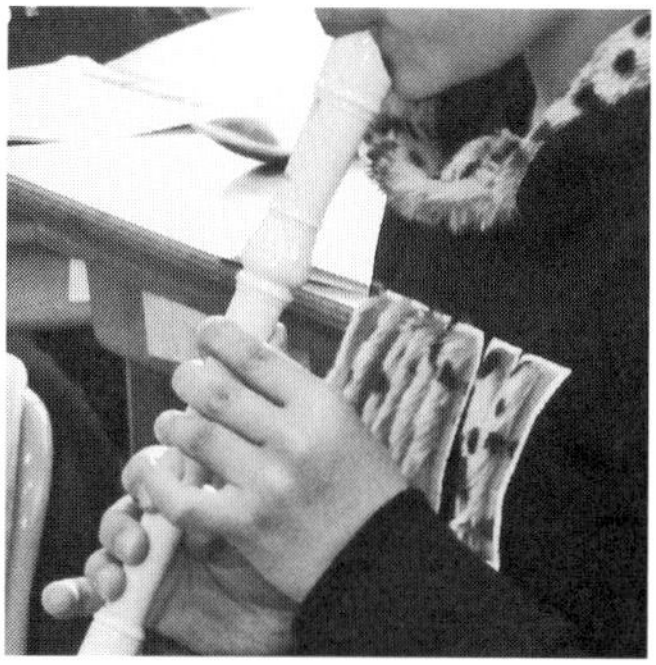

▶リコーダーを美しく吹くには、明示的に示すことのできる一連の知識がある。左手が上（②）、穴の押さえ方（③）

ィー」「トゥー」「トオー」「ドゥオー」。低いドレミの時は、おなかに力を入れ「ドゥオー」という感じで息を吹き込む）

⑤吹き始めと吹き終わり（「やさしく」吹き始めると音が違う。「大事なものを置くみたいに」吹き終わるとやさしい音になる）

授業では、単元で扱う教材の三段階目に当たる『小さな花』を鑑賞し演奏していく。曲目からイメージすることで、タンギングや息の吹き込み方を工夫して演奏するようにする。

実際に「トゥー」と吹いていると、子供が、

「前に教えてもらったようにおなかに力を入れた方がうまくいく」

「指の押さえ方で音が違う」

「低い『トオー』は、丁寧に吹いた方がきれい」

知識の構造化（パターン型）

などと次々に感想を発表していく。

　リコーダーを吹き、美しい音を出すには①～⑤の知識がバラバラであってはうまくいかない。曲目をイメージして演奏する中で、習った知識を活用し、それぞれがつながっていく。こうして子供はリコーダーの演奏について、学んだことを関連付け、自分の身体とも結び付けて深く学び、技能を確かにしていく。

*

　リコーダーを演奏するに当たっての手続き的な知識は先に示した①～⑤が考えられる。一時間目や二時間目に、それらを**明示して**演奏の方法として実感的に学んできた。

　この時間の学習では、息の吹き込み方を学んでいる。この息の吹き方やタンギングは、既に学んでいる基本姿勢やリコーダーの持ち方、指の使い方とがつながり連動して機能してくる。つまり、きれいな音色になっていく。そのことは、子供の発言からも明らかであろう。

　こうして技能を支える手続き的な知識は、**連動して一体化したパターンとなって本来の役割を果たしていく**。単独では、容易に期待する成果をもたらすことができない。その際、①に示した基本姿勢などは特に重要で、息の吹き方やタンギングと強く関係し、タンギングの技能を引き出してくれる基盤となる知識であるとともに、他の楽器の際にも役立つ知識と考えることもできる。

子供は個別バラバラな手続き的な知識を獲得する。次に、**そうした知識を連動させ、一体化させてパターン化して身に付けていく。**さらには、それらが自然に、一つ一つの確認などをしなくても、**自動的にできるようになっていく。**

こうして「技能を身に付けた」という状態が生まれる。

こうした獲得に当たっては、それぞれの知識の構造が、身体とつながることが重要である。**手続き的な知識においては、身体化し自動化することが重要**で、そのことが確かな技能へと導いてくれることとなるのであろう。さらに言えば、そうした身体化・自動化は、心地

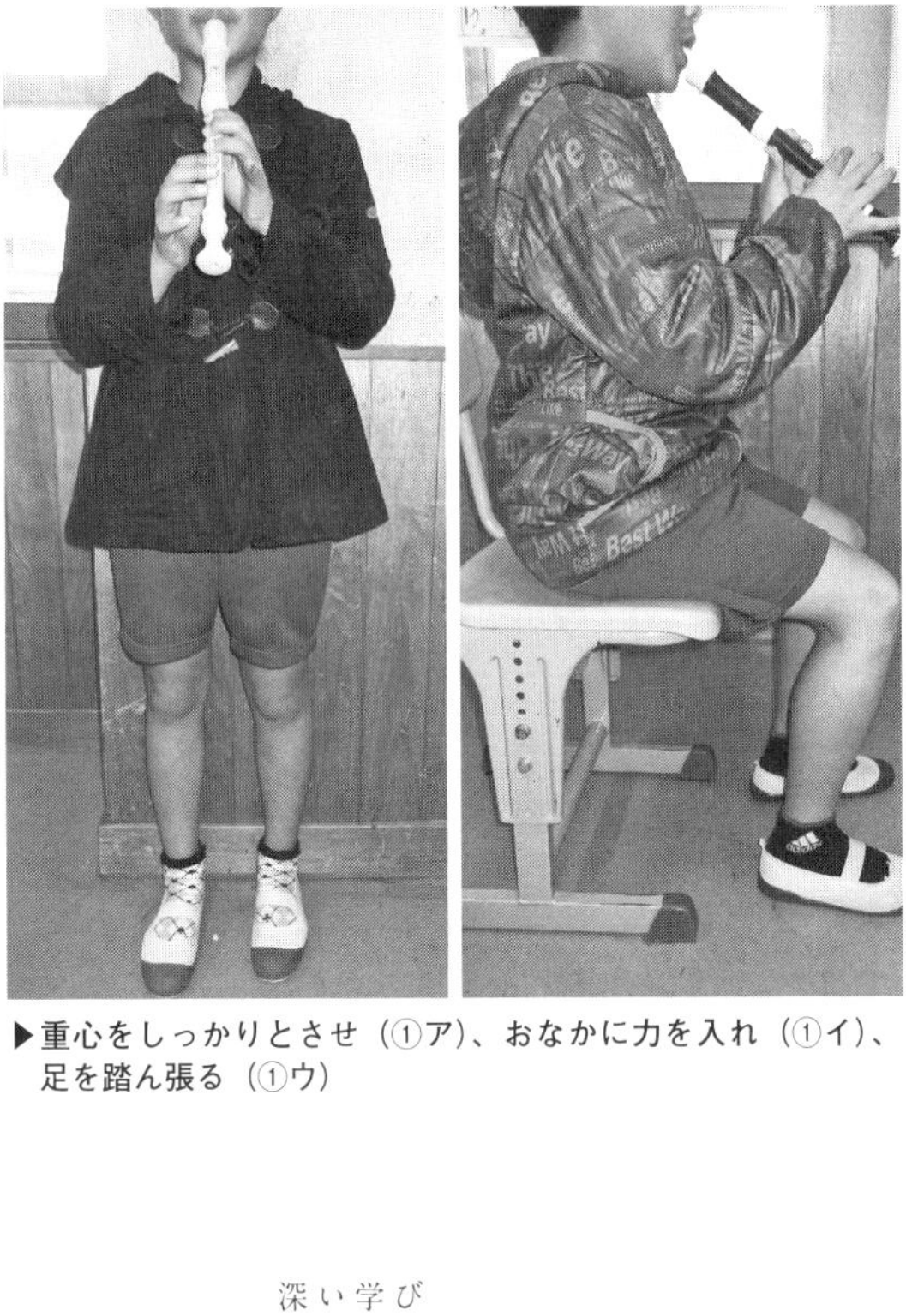

▶重心をしっかりとさせ（①ア）、おなかに力を入れ（①イ）、足を踏ん張る（①ウ）

②手続き的な知識がつながるタイプ (cf：p.50)

【パターン型】

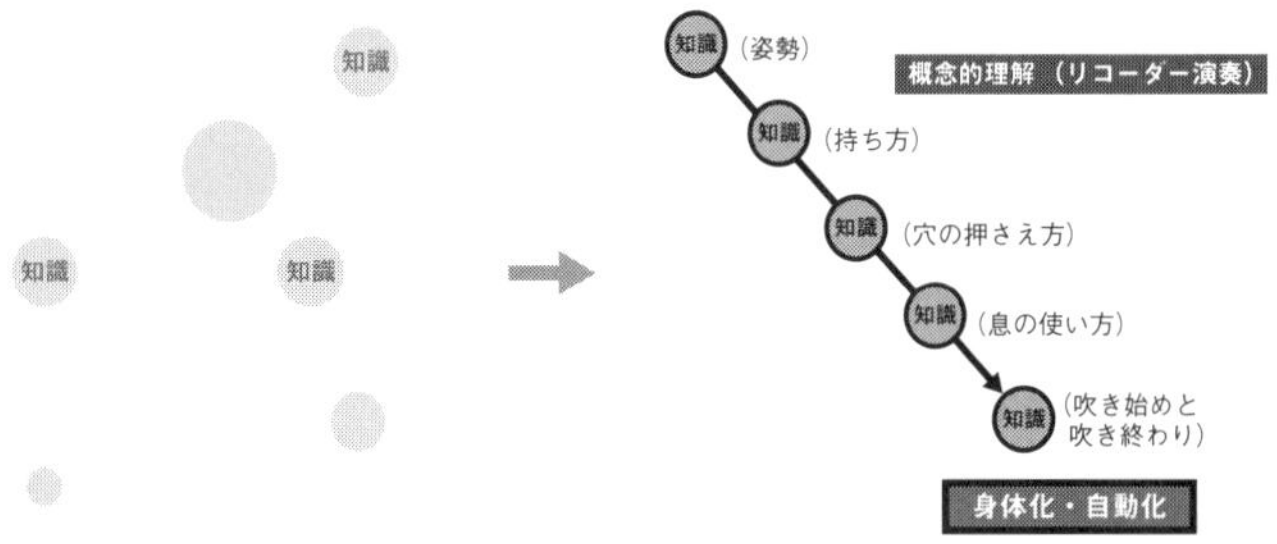

よさと結び付くことが欠かせない。「よい音が出て気持ちよかった」「うまくできてうれしかった」とする**好ましい感覚とのつながりが生まれている学びであることも重要**である。

「深い学び」を生み出した要因

「深い学び」が生まれた要因は、いくつか考えられる。単元構成や学習教材、学習過程、学習指導などである。中でも、**教師が知識を自覚し、明示的な指導を行うこと**が重要なのではないかと考えている。リコーダーなどの演奏においては、方法に関する知識があること、その知識には獲得するに当たり適正な順序が存在すること、また、その知識の中にはどの楽器にも使う基盤となるものがあることなどを**教師が知っていること**がポイントとなっている。その上で、教師は、その知識を子供の発達や学習活動に応じて、楽しみながら実感的に学ぶことができるように工夫していく。また、体系的に学ぶことができるように、短く区切って繰り返したり、行きつ戻りつしたりして効率的に学ぶことができるように工夫していく。「たくさん練習すればよい」「とにかく繰り返す」といった古い指導観は転換すべきである。

このように考えていくと、「深い学び」の実現には、**指導する教師が、それぞれの教科特性をしっかりとつかんでいること、あるいは、学習で扱う教材を丁寧に分析し研究すること**などが欠かせないことが明らかになってくる。これまで、教材研究と呼ばれ、常に大切にされてきたことである。「深い学び」には、**教科の専門性や教材研究**が欠かせない。

Factor 5 ▸ 教材の研究と指導方法

教科の専門性の研究

＊教師がより丁寧に理解すべきなのは…

POINT 2
その教材で獲得される知識が何であるのか

POINT 1
その教科の本質や特性が何であるのか

➡ **明示的な指導ができるようになる**

「明示的な指導」ができると

＊子供が、手続きの大切なポイント（コツや順序など）を理解しやすい

POINT 1 焦点化（クローズアップ）して伝える

POINT 2 適切な順序で伝える

ポイントとなる知識が体系的に押さえられ、「深い学び」に向かっていく

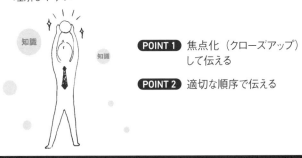

case 6　中学校２年　保健体育科

支え釣り込み足

単元の概要と学習活動

新学習指導要領では、各教科等ともに育成を目指す資質・能力を「三つの柱」（「知識及び技能」「思考力、判断力、表現力等」「学びに向かう力、人間性等」）とし、「深い学び」の実現が期待されている。中学校保健体育科の目標も、「三つの柱」に沿った形で構成されており、次のように示されている。「(1) 各種の運動の特性に応じた技能等及び個人生活における健康・安全について理解するとともに、基本的な技能を身に付けるようにする。(2) 運動や健康についての自他の課題を発見し、合理的な解決に向けて思考し判断するとともに、他者に伝える力を養う。(3) 生涯にわたって運動に親しむとともに健康の保持増進と体力の向上を目指し、明るく豊かな生活を営む態度を養う」。このように、学んだ知識を頭の中での理解にとどめることなく、実践していくことが保健体育科においては大切である。

この題材は、体育分野の内容「武道」に属する「柔道」である。この単元では、①前年度までの復習（・礼法、柔道着の着方　・受け身：単独動作、相対　・固め技：形の確認、攻防）→②形の学習（・浮落《うきおとし》　・支え釣り込み足 ※体さばき→崩し→受け身　・固め技〔袈裟《けさ》固め〕）→③形の学習（・投げ技〔背負い投げ 他〕　・固め技〔横四方固め　・上四方固め 他〕）→④ 学習の振り返りと評価（・ルーブリックを使用した「形」の評価）などの順で進めていく。

「深い学び」に向かう子供の姿

「支え釣り込み足」を学ぶ場面である。子供同士で互いに教え合い、技の練習を始めた。互いに大切なポイントを確かめ合いながら練習を繰り返した。四人組での対話の様子は、以下のようであった。

「かける足の位置が大事だと思うよ」

と、一人が発言する。すると、運動の得意な男の子が、

「それよりも軸足が大事じゃないかな。体が後ろに逃げたら、重心が下がって力が入らないよ」

それを聞いていた女の子が

「確かに」

と発言を受け入れ、共感的な言葉を発した。すると、同じ男子が再び、

「**サッカーだって、重心の軸がしっかりしていないと強いキックが蹴られないいんだよ**」

知識の構造化（場面とのつながり）

▶タブレットで映像も参照しながら対話していく

その子はサッカーが得意らしい。そうすると、やはり同じ女子が、

「なるほど」

と、肯定的に受け止めてくれる。

するとその男子は、さらに発言を続けた。

「**だから、重心を保つために軸足は、少し内側に向けておく必要があるはず。だって、野球の盗塁だって、どっちにも動けるように両足を内側に向けているでしょ**」

知識の構造化（場面とのつながり）

ここでも同じ子供が、

「そうか」

と認める。最後には、

「これまでは、受け流すことで合理的に技をかけることを学んできたけど、**今日は重心、軸の大切さを考えた。どのスポーツも一緒なんだと思う**」

知識の構造化（場面とのつながり）

こうして子供は、スポーツにおける重心の大切さを深く学んでいった。

＊

ここでは、サッカーで学んだ**重心の大切さ、身体の軸が重要であるという知識が、サッカーはもちろん、野球でも、柔道でも同様に重要であることに**気付き、そのことを自覚している。これは、重心や軸が大切であるとする知識を、**様々な場面とつなげている**と考えることができる。こうして知識は、新たな場面や異なる状況と結び付き、**いつでもどこでも活用できる、あるいは未知の状況で活用できる知識の構造**になっていく。おそらくこの知識は、別のスポーツの場面でも同じように意識され、活用・発揮される知識になるものと考えられる。

こうした学びが、「深い学び」の一つのイメージであり、こうした姿を私たちは、「**思考力・判断力・表現力が育った**」と表現することが多い。

「深い学び」を生み出した要因

注目すべきは、対話の相手の言葉にある。中心となって発言している男の子に対して、その発言を受け止めている女の子がいる。その子供の言葉は「なるほど」「確かに」「そうか」と、**常に共感的で、肯定的で、ポジティブな感情が生まれる言葉が連続している**。そのこと

③知識が場面とつながるタイプ (cf：p.57)

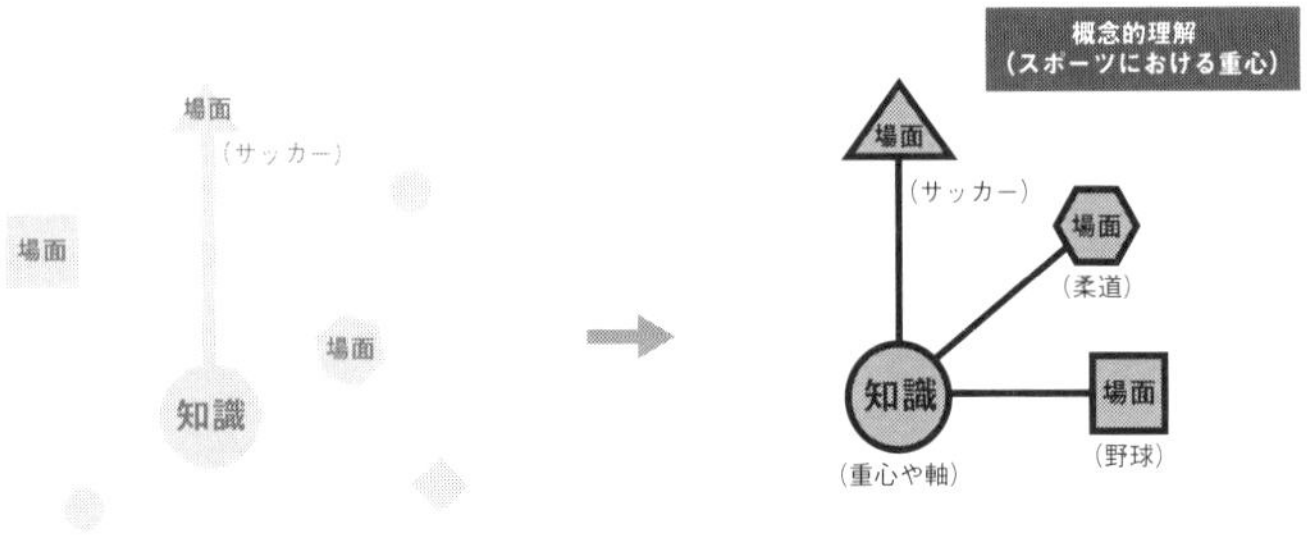

が、語り手の子供の発言を誘発し、次々とつながりのある発言を生み出している。

子供は、相手に共感してもらったり、認められたり、受け入れてもらったりすることによって、さらなる発言への意欲が高まり、主体的な学びを加速する。また、友達やクラスメートなど他者との対話も活発になる。そうした主体的で対話的な学びが、「深い学び」を実現しているのであろう。「深い学び」は語り手のみに着目し、自らの考えを主張できることにのみ目を向けるのではなく、**聞き手としての子供の傾聴の姿勢も重要**であることを忘れてはいけない。

このことについては、子供同士の関係のみならず、子供と教師の関係においても同様である。教師の子供への言葉かけにも、今まで以上の繊細な対応が必要である。子供への言葉かけをどのようにするかが、「深い学び」の実現に影響することを肝に銘じておかなければならない。

Factor 6 ▶ 言葉のかけ方

共感的な傾聴

POINT 対話の際、聞き手（教師・子供）に重要なのが傾聴

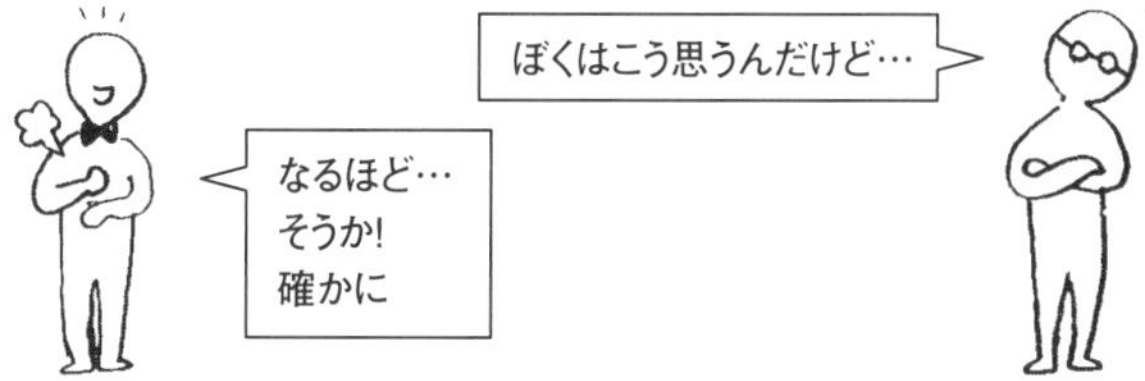

発言の連鎖

POINT ポジティブな感情が発言の連鎖・好循環を生む

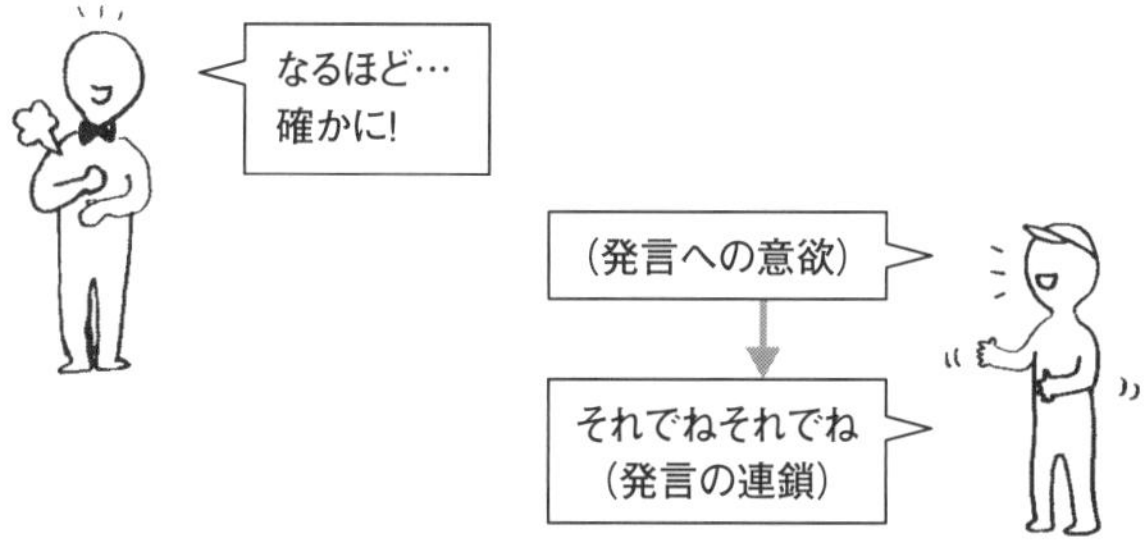

他者からの共感で主体的になり、
「深い学び」に向かっていく

case 7 中学校２年　国語科

情報の整理と論の展開

単元の概要と学習活動

教材文「人間は他の星に住むことができるのか」は、筆者の渡部潤一氏が、天文学者の視点から人間が他の星に移り住むことのできる可能性について、太陽系のいくつかの天体を検証し、その可否を論じた文章である。論の展開としては、地球以外の天体を「地球からの距離」と「生きていける環境」という二つの条件をもとに移住の可能性を検証し、可否を論じるというものになっている。さらに、火星への移住の可能性を述べつつも、地球は素晴らしい星だということについても言及している。

本単元の学習では、単元の導入に、「学級で動物を飼うなら何がよいか」というテーマについて自分なりに説明文を書いてみることで、情報を整理することや論の展開を工夫する必要性に気付くことができるようにする。単元の中盤では、「情報の整理」と「論の展開」の観点をもとに教材文を読み、特徴を明らかにすることができるように、三つの説明的文章の本論を読み比べる。それぞれの説明文は小学校で学習したものと、中学１年時で学習したものを扱う。根拠を明確にし、テーマに沿った説明の仕方かどうか話し合う活動を重視して、文章に対する自分の考えを明らかにする。単元の終末では、本単元で身に付けた力を生かして、先のテーマに対して、どのように情報を整理し、どのような論の展開にすればよいかを考えていく。

「深い学び」に向かう子供の姿

学習活動は三つの作品を読み比べた後の場面である。三つの作品とは、一つは、なぜできるのかという問いを、実験しながら研究していく「A：ありの行列」。二つは、飲み水をどうやって得ているのかという問いを、仮説を立てて検証していく「B：クジラの飲み水」。三つは、人間は他の星に住めるのかという問いを、条件を示して一つずつ検証していく「C：人間は他の星に住むことができるのか」である。

比べて読んだ後に、単元導入時からテーマとして示していた「学級で動物を飼うなら何がよいか」について論述するとすれば、A・B・Cのどの論述形式が望ましいかを改めて考える学習活動を設定する。

ある子供は頭を抱えて悩んでいた。最初はCを選び、

▶頭を抱えて熟考しながら、言語化し表現していく

その後、Bを自分の考えとしてノートに表した。学級全体での話し合う活動を行うと、意見はCに集中していった。その子供も話合いには積極的に参加していった。

　全体の話合いでは、三つの作品の論述形式や、その特徴を根拠に、論述形式を選定する意見が相次いだ。話し合うほどに、A・B・Cの作品の違いを明らかにしていった。そして、「学級で動物を飼う」という状況も鮮明になっていった。

　その子供は、授業の最後に次のように文章をまとめた。

Aは実験できた上での説明だから×。
Bは仮説が多くたってしまい、また仮説よりも
条件がいいから、
そして、動物を飼うということは、命の危険が

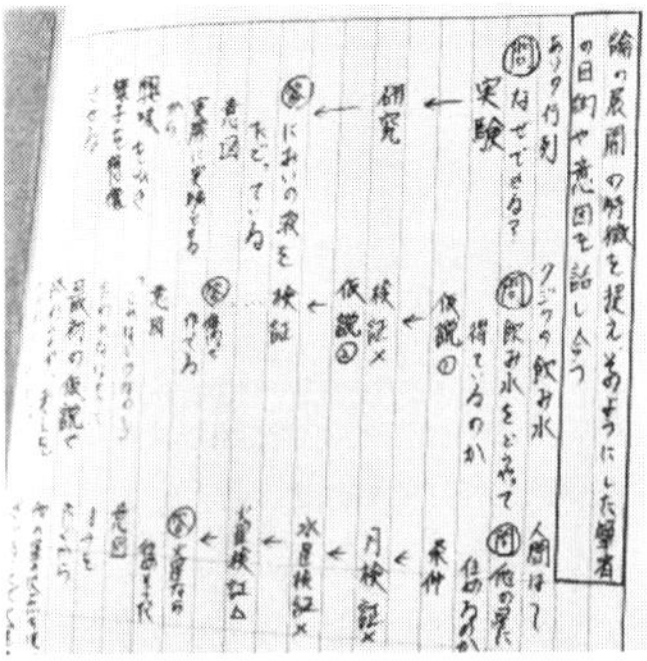

▶「情報の整理」と「論の展開」

知識の構造化（場面とのつながり）

及ぶ動物や被害が及ぶ動物もいることから、しっかりと条件を出して適切な動物を飼わないといけないからCがよい。

一文目でAを否定している。二文目では、BとCを峻別しようとしている。その上で、今回のテーマにおいては、命の危険や被害が及ぶ動物がいることを明らかにし、条件を示して検証していくCの論述形式を選択していることが分かる。

こうして子供は、学んだ知識を活用し「深い学び」を具現していく。

＊

ここでは、単元の前半で学んだ三つの作品の論述形式から、「学級で動物を飼うなら何がよいか」という異なる場面や状況においては、**どれが好ましいかを選び、場面にふさわしい表現に変えていくこと**が求められている。このように、一人一人の子供が考え、判断し、表現するということは、目の前の問題の解決のために自分のもっている知識の中から、適切なものを選択し、それを新しい場面や異なる状況に適合させ、場合によっては、それらを組み合わせて、考え、判断し、表現していくことである。

つまり、思考力・判断力・表現力等とは、そうした特別な力が存在するのではなく、**既にもっている知識を問題の解決のために活用していくこと**と考えることができる。それは、**知識を新たな場面や異なる状況とつなぐこと**と考えることができる。これまで「応用する」等として表現されていたことと同様に考えることもできる。これらは、知識が様々な場面や異なる状況で活用・発揮され、知識が様々な場面や異なる状況とつながることによって、**いつでもどこでも使うことのできる汎用性の高い知識の構造になっていくもの**と考

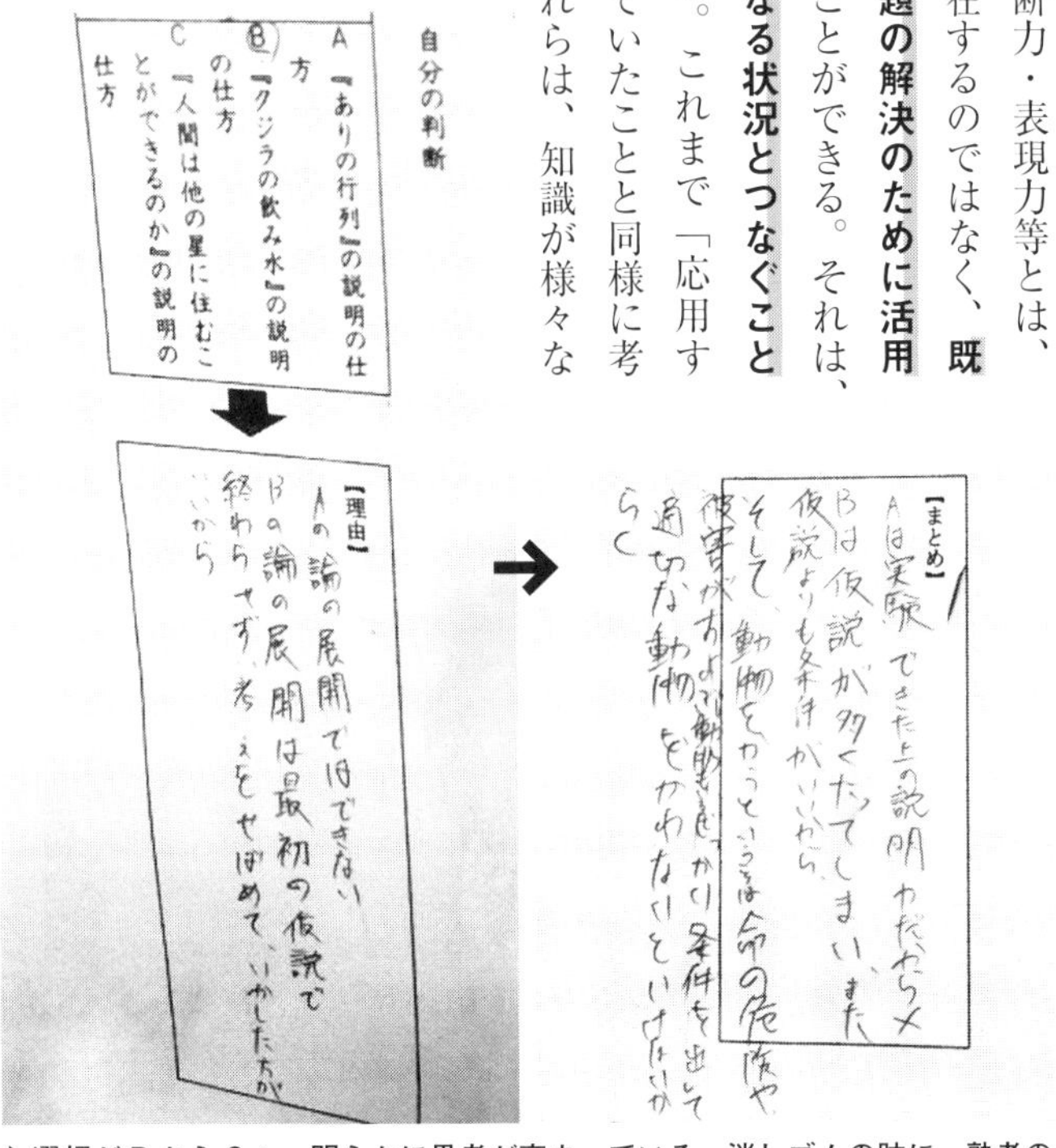

▶選択がBからCへ、明らかに思考が高まっている。消しゴムの跡に、熟考の様子も見て取れる

えることができる。

「深い学び」を生み出した要因

今回の学習指導要領の改訂では、単元構成を大きく取り上げ、重視している。小学校学習指導要領第1章総則の「第3　教育課程の実施と学習評価」には、次のような記述がある（中学校学習指導要領の場合、「児童」は「生徒」表記）。

第3　教育課程の実施と学習評価

1　主体的・対話的で深い学びの実現に向けた授業改善

各教科等の指導に当たっては、次の事項に配慮するものとする。

(1)　第1の3の(1)から(3)までに示すことが偏りなく実現されるよう、単元や題材など内容や時間のまとまりを見通しながら、児童の主体的・対話的で深い学びの実現に向けた授業改善を行うこと。

特に、各教科等において身に付けた知識及び技能を活用したり、思考力、判断力、表現力等や学びに向かう力、人間性等を発揮させたりして、学習の対象となる物事を捉え思考することにより、各教科等の特質に応じた物事を捉える視点や考え方（以下「見方・考え方」という。）が鍛えられていくことに留意し、児童が各教科等の特質に応じた見方・考え方を働かせながら、知識を相互に関連付けてより深く理解したり、情報を精査して考えを形成したり、問題を見いだして解決策を考えたり、思いや考えを基に創造したりすることに向かう過程を重視した学習の充実を図ること。（サイドラインは筆者）

また、この記述については、学習指導要領の全ての教科等の「第3　指導計画の作成と内容の取扱い」の1にも同様の記述がなされている。このことからも、その重要性は明らかであろう。

先に紹介した事例においても、単元構成が「深い学び」の実現に有効に機能していると考えることができる。一つは、**単元を通して追究していくテーマが用意され、子供の連続的な学びを生み出している**。二つは、**単元の前半で知識を獲得し、単元の後半で知識を活用・発揮する場面を用意している**。習得・活用・探究を意識した単元の構成が重要であり、今まで以上に一連の問題解決のまとまりとしてのユニット（単元）の重要性を自覚する必要があろう。子供の学びには、やはりプロセスが重要なポイントなのである。

Factor 7 ▶ 単元構成の考え方

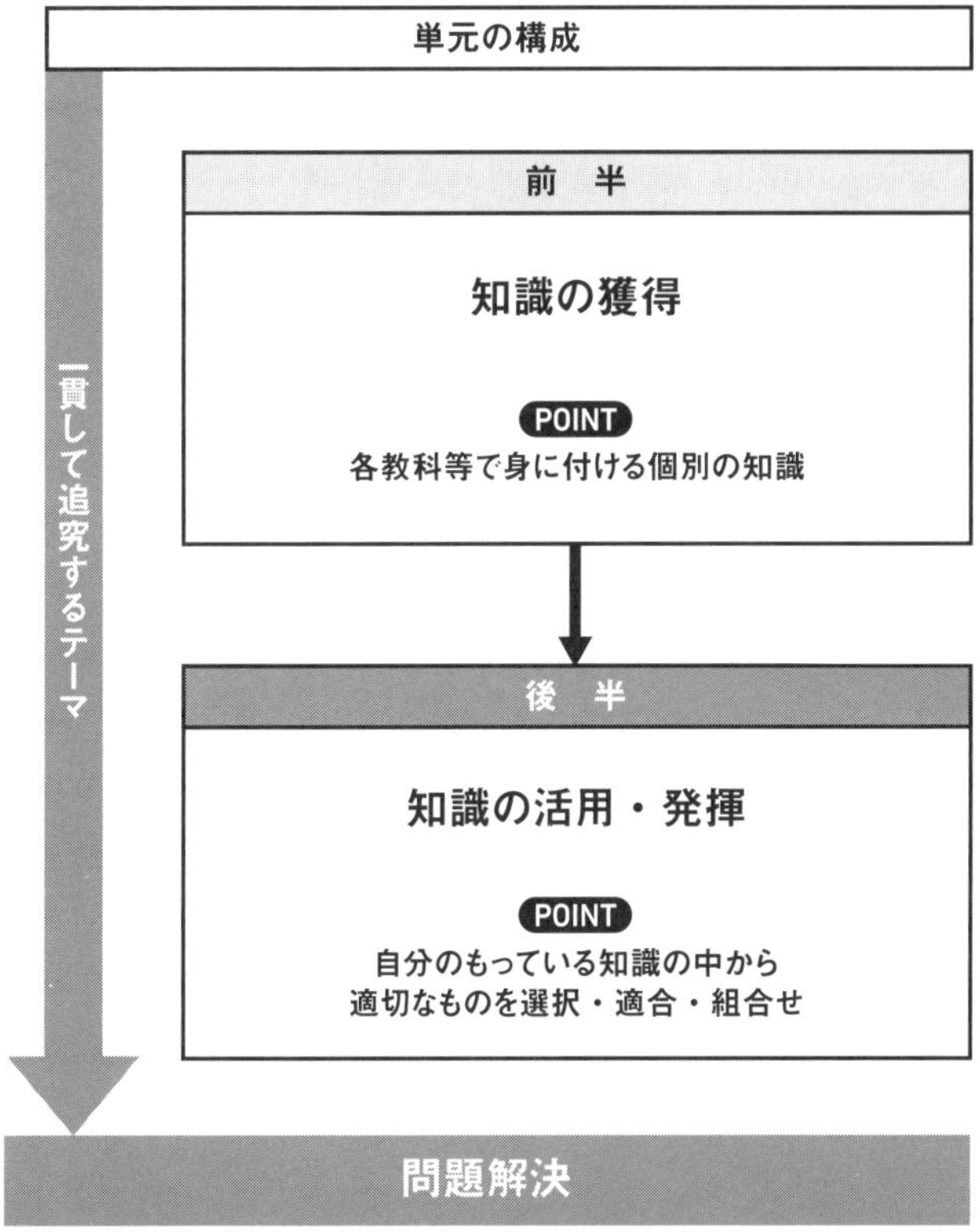

問題解決の一連のまとまりが実現し、
「深い学び」に向かっていく

case 8 小学校１年　国語科

質問と応答

単元の概要と学習活動

「尋ねたり応答したり、二人で話し合って考えを一つにまとめたりすること」が学習する内容の中心となる。低学年では、互いに集中して聞き、話の内容を理解した上で話題に沿って話したり、再び聞いたりすることができることを期待している。「質問」とその「質問」に対する「応答」が繰り返され、子供同士の対話は活性化していくものと考えて単元を構成している。

学習活動としては、ペアでクイズをつくったり、クイズの答えを考えたりして、友達と話し合いながら学習活動を展開していく。正解となるもののヒントを書き出し、その中から二つのヒントを選ぶ場面では、回答者側がすぐには答えられないようなヒントを選ぶなど、一人一人の子供が相手を意識したやり取りをすることができるようにしたい。

単元の終末では、ペアで質問をしたり、質問に答えたりするクイズ大会を行う。ペアを交代することによって、繰り返し意欲的に学ぶ姿を具現することができる。その際、単に出題し、それに答えるというやり取りだけではなく、答えに迫る質問をしたり、少ない回数で答えに迫る質問をしたりなどして学習を進めていく。

「深い学び」に向かう子供の姿

前の時間までに作成していた「これはなんでしょうゲーム」を二人一組での対戦形式で行う。クイズ大会という名称やゲーム感覚が子供のやる気を一層喚起する。また、対戦相手がローテーションによって変わることから、さらに意欲が高まる。

はじめは、出題者からヒントが出される。例えば、正解の『算数セット』に対して、

「算数の時間に使います」

「ほとんど水色です」

などと出題者が話すと、回答者側は、

「どんな時に使いますか?」

「どこにありますか?」

「どれくらいの大きさですか?」

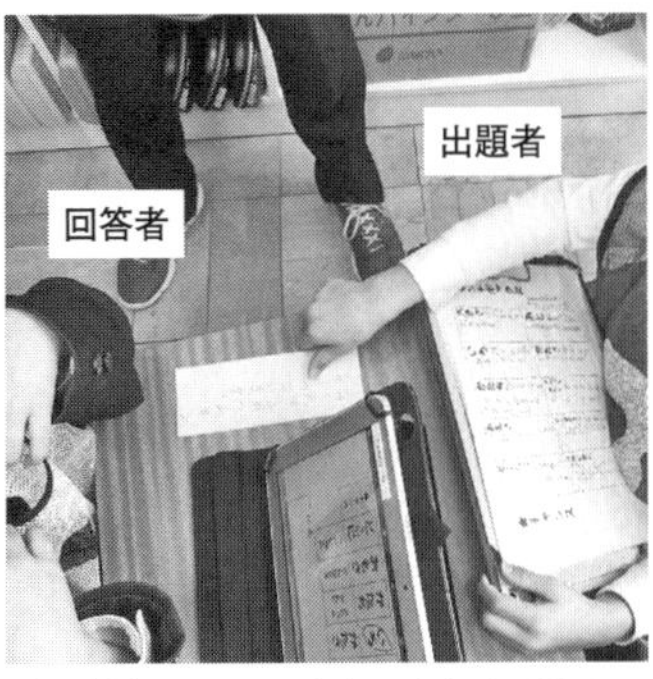

▶ユニフォームを着てチームを区別。出題者（右）はヒントを表にまとめておき、回答者（左）は質問の観点がまとまったタブレットを使いながらゲームを進める

と質問して、正解を探り出していく。出題者も回答者も、共に相手の応答に応じて、自分の言葉を選び、適切に使いながらクイズの答えを考えていくやり取りが行われていく。

二回目の対戦が始まると質問の出し方が少し変わってくる。一回目は、質問表に示されている事項を、順番に聞いて答えを探っていた。

しかし、二回目になると、出題者の言葉に合わせて、**正解のイメージを明らかにしながら質問する姿が出てくる。**

正解の『鉄棒』に対して、ヒントは

「たたくとカンという音がします」

「さわると冷たいです」

だった。それに対して最初の質問は、

「どこにありますか？」

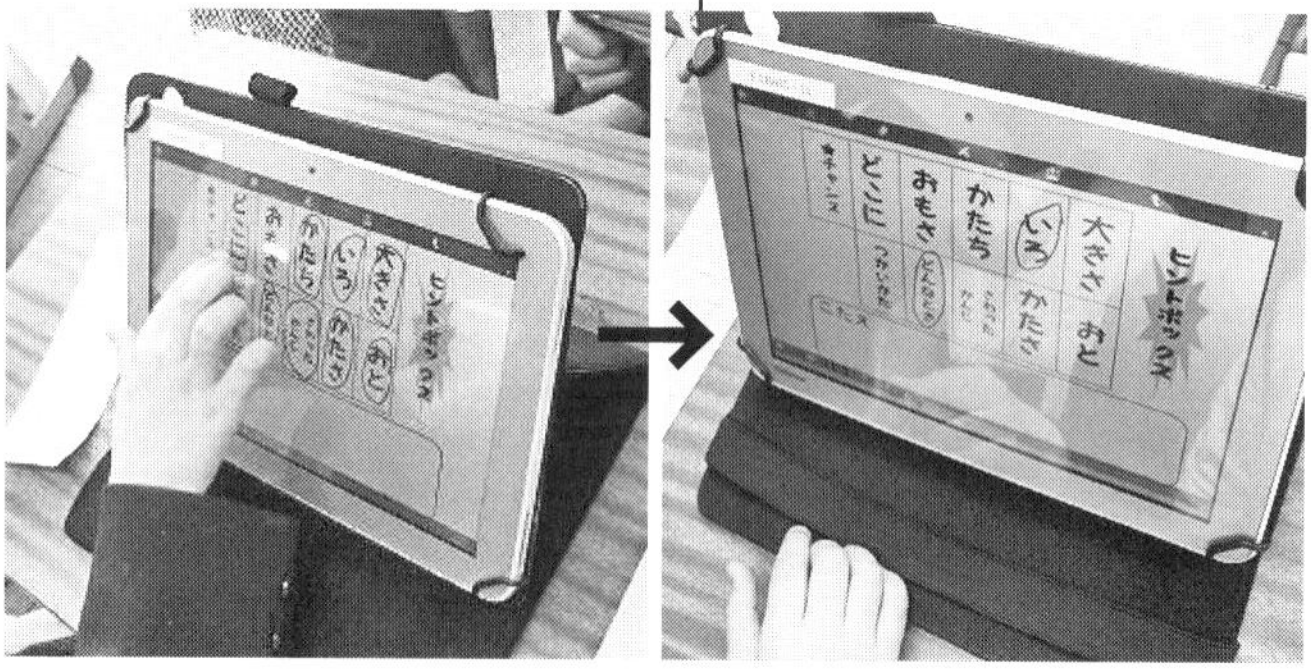

▶質問表「ヒントボックス」にある項目をひとまず埋めていくやり方から、質問の順番がより明確で意図的になっている

と、子供は場所を聞くことから始めた。答えが、

「運動場です」

と、返ってくると
「どんな形ですか?」

と、聞き返した。

「細長いです」

との回答を手に入れると、二人でこそこそと
話し始めた。

「ジャングルジムかな」

「鉄棒かな」

と言いながら、次に、

「**どれくらいの大きさですか?**」

と、質問をした。答えが、

「肩くらいです」

と聞くと、二人は大きくうなずき、にこにこ
しながら

【2回目のやり取りの時間】

知識の構造化(場面や状況とのつながり)

「**何でできていますか？**」

と、質問を追加した。

「鉄です」

との答えに、自信たっぷりに正解を導き出していった。

三回目になると、さらに子供の質問の仕方が変わっていった。

『一年二組のボール』が正解である。

「一年二組は緑と白です」

「顔くらいの大きさです」

というヒントから、やり取りが始まった。

「どこにありますか？」

「段ボールの中です」

次に、

「どんな形ですか？」

「丸いです」

知識の構造化（手続き）

知識の構造化（場面や状況とのつながり）

▶質問の精度が上がり、手応えも得る

すると、今までと異なる質問の仕方が飛び出す。

「**転がりますか？**」

「はい。転がります」

さらに、

「**投げたり蹴ったりしますか？**」

「はい。投げたり蹴ったりします」

質問を繰り返しながら、質問の順番や質問の仕方が洗練され、適切で、より簡便な正解を見付ける質問へと深く学んでいく姿を見ることができた。

【3回目のやり取りの時間】

知識の構造化（場面や状況とのつながり）

知識の構造化（場面や状況とのつながり）

*

単元の前半では、対象の特徴を捉えて、対象にふさわしい説明や問い方を学んできている。単元の終末の学習場面では、それらを使ってクイズ大会に真剣に取り組んでいった。

一回目の対戦においては、相手の回答や正解にかかわらず、とにかく順番に決まった質問をしていた。しかし、二回目の対戦では、正解に近付くために、相手の答えを**ペアの二人で**

吟味し、用意されていた質問の中から最適な質問を選んでいくようになっていった。さらに、三回目の対戦では、徐々に正解がイメージされてくると、正解のもつ限定的な特徴を質問としてストレートに聞き、正解をピンポイントで探り出すことに成功している。

このことは、質問するための知識を、新たな場面や状況に応じて、**選び出したり、組み合わせたり、工夫し改善したりしていること**と考えることができる。相手の回答状況や、正解が明らかになってきている自らの状況に応じて、質問の仕方が工夫され改善されていく。このことは、**質問の仕方という手続きに関する知識が、新たな場面や状況とつながり洗練される「深い学び」**になっていると考えることができる。

ここで注目したいことは、質問を出す速度、回答する速度が上がり、どんどんとスピーディになっていることである。最初は、質問する言葉はゆっくりと確認しながらだった。立ち止まりじっくりと考える場面はあるものの、徐々に、テンポよく、ためらいなく質問することができる姿に変わっていった。これは、**質問する知識が身体化され、技能として発揮され、少しずつ自動的にできるような方向**に向かっていると考えることができる。繰り返すことによって、手続き的な知識は身体と一体化してつながり、技能として習熟する子供の姿も「深い学び」と考えることができる。

知識の構造化の四つのタイプ（①-1／①-2宣言的な知識がつながるタイプ、②手続き的な知識がつながるタイプ、③知識が場面とつながるタイプ、④知識が目的や価値、手応えとつながるタイプ）に整理した知識の構造化は、一つ一つが截然《せつぜん》と分かれるものではなく、それぞれが一体となっている。したがって、子供の学びの姿としては、四つのタイプが混在したものとして現れる。授業における「ねらい」とは、その中のどこに焦点を当てるのか、どこを育てようとするのかを明らかにし、意図的な学習活動を行うことを意味している。

「深い学び」を生み出した要因

ここでの「深い学び」を生み出した要因は、やはり単元構成にある。**子供が本気で真剣になる学習活動の設定や学習の場の構成**がある。

単元の前半では、定型化された質問の応答を学ぶ。単元の後半で対象の特徴を考え、問題づくりをしながらヒントの出し方を学んでいくとともに、正解を見付けるための質問の仕方を考え学んでいく。単元の終末では、それまでに学んできた知識を存分に活用し発揮する学習活動としてのクイズ大会を用意する。このように、**前半に知識の習得場面、後半に知識を活用し発揮する場面**を用意することで、先に示した「深い学び」が具現されたと考えることができる。

また、クイズ大会は一年生の子供にとって、本気になれる、真剣な学びの場である。こうした本気で真剣な真正の学びでは、子供が主体的になって自分の知識をフルに発揮しようとするとともに、友達との対話を通して全力を挙げてクイズの解決に向かおうとする。主体的で対話的な学びの姿が生まれる学習活動の設定と学習の場の構成が、「深い学び」を具現していると考えることができる。

Factor 8 ▶ 学習活動や場の設定

＊真正の学びのためには、学習活動や学びの場の工夫が必要

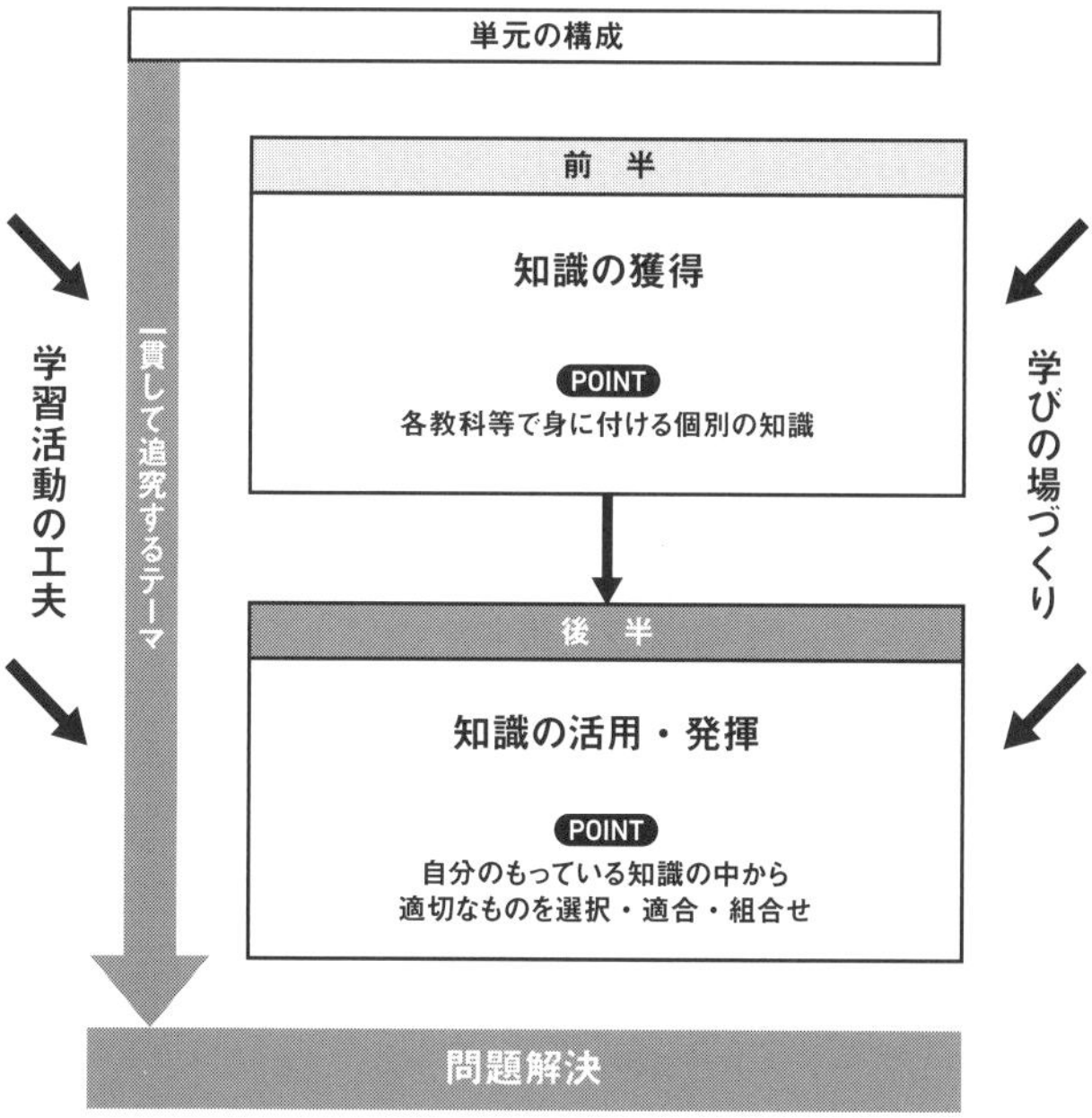

工夫を凝らした活動や空間の工夫が意欲を喚起し、「深い学び」に向かっていく

case 9　小学校５年　総合的な学習の時間

外来生物と環境

単元の概要と学習活動

兵庫県尼崎市において発見されたアリが、「特定外来生物」に指定されている「ヒアリ」であることが確認され、ニュースでも頻繁に取り上げられてきた。子供もニュースなどで「ヒアリ」のことをよく耳にしており、関心をもっている。神戸港で「ヒアリ」が発見されてから、各県の関係機関が一斉に調査を始めたところ、各県で次から次へと「ヒアリ」が発見され、東京都でも「ヒアリ」が発見された。本単元では、子供が関心をもっており、話題になった特定外来生物「ヒアリ」を題材とし、危険生物や外来種などの生き物から、自分たちが住む町の安全を維持するための活動を考え、実践していく。もちろん、安全には十分配慮を行い、専門家の指導を受けて調査活動を行った。

調査対象を外来生物から様々な生き物へと変えて探究していく中で、地域の環境問題について気付いたり、考えたりしていく活動となるようにしていきたい。地域の環境に目を向けることで、地域環境の課題を見付け、フィールドワークを行いながら情報収集をし、集めた情報の整理・分析、まとめの学習過程を繰り返し行うことで探究的な学習となるよう学習活動を進めていく。

また、単元を進める中で地域の人や専門的な立場の人など、様々な人と関わりをもち、子供の視野を広げられるようにしていく。

「深い学び」に向かう子供の姿

　専門機関の指導の下、特定外来生物「ヒアリ」を調査してきた子供たちだったが、学区内にその生き物は見付からなかった。調査結果をひととおり発表したところ、子供は次のように語り始めた。

「先生、再調査が必要です」

　教師は子供に問い返した。

「どうして再調査が必要なのですか？」

　子供は問いかけに対して、次々に発言し始めた。

　最初の子供は、

「きっと大発見になるからだよ」

と話した。

　子供にとって、特定外来生物の「ヒアリ」を探し出す調査活動は、有名になりたいという功名心のような

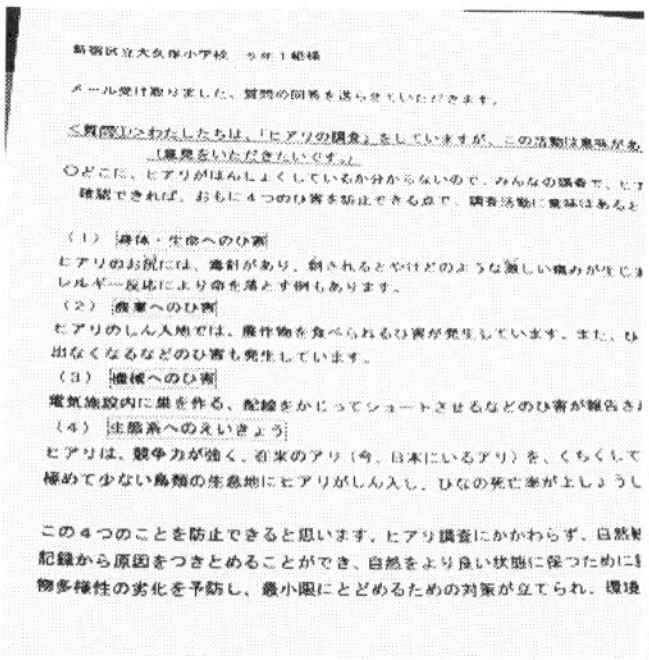

新宿区立大久保小学校　５年１組様

メール受け取りました。質問の回答を送らせていただきます。

＜質問１＞わたしたちは、「ヒアリの調査」をしていますが、この活動は意味があ
【意見をいただきたいです。】

○どこに、ヒアリがはんしょくしているか分からないので、みんなの調査で、ヒア
確認できれば、おもに４つのひ害を防止できる点で、調査活動に意味はあると

（１）身体・生命へのひ害
ヒアリのお尻には、毒針があり、刺されるとやけどのような激しい痛みが生じ
レルギー反応により命を落とす例もあります。
（２）農業へのひ害
ヒアリのしん入地では、農作物を食べられるひ害が発生しています。また、ひ
出なくなるなどのひ害も発生しています。
（３）機械へのひ害
電気施設内に巣を作る、配線をかじってショートさせるなどのひ害が報告さ
（４）生態系へのえいきょう
ヒアリは、競争力が強く、在来のアリ（今、日本にいるアリ）を、くちくして
極めて少ない鳥類の生息地にヒアリがしん入し、ひなの死亡率が上しょうし

この４つのことを防止できると思います。ヒアリ調査にかかわらず、自然
記録から原因をつきとめることができ、自然をより良い状態に保つために
物多様性の劣化を予防し、最小限にとどめるための対策が立てられ、環境

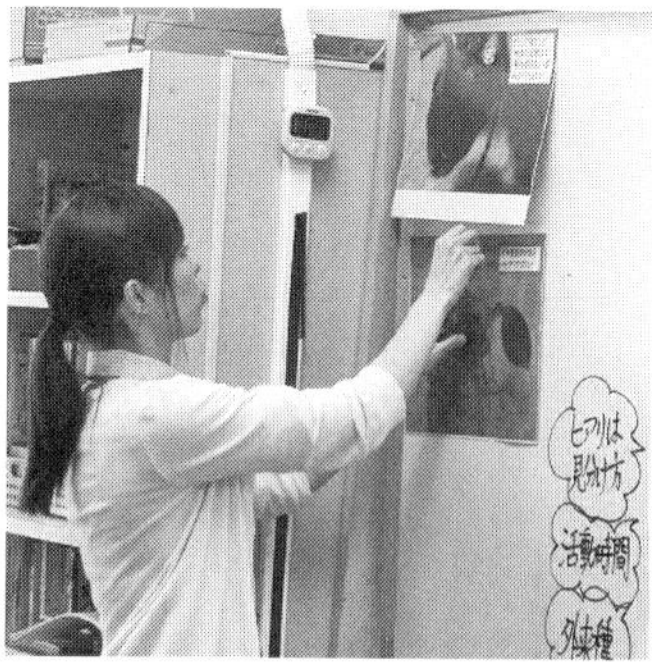

▶メールなども活用して、専門家からの意見をもらった。教師は、調査結果の発表を板書で構造的に示す

ものが下支えしていたことが分かる。きっと、見付けたら新聞やテレビなどに出られるかもしれない、などの想像を膨らませていたのかもしれない。

話合いを続けていくと、次のような発言が出てきた。

「どこかにいるかもしれないからです」

確かにそうだ。学区内をしらみつぶしに、完璧に調査を行ったわけではない。まだ、どこかにいるかもしれないと考えるのは当然のことである。すると、

「いなくても、『いません』って言えることが大事なんじゃないかな」

との発言が飛び出す。

それまで子供は、「ヒアリ」を探し出し、見付けることに熱を上げていた。とにかく珍しい外来生物を探し出そうと、必死だったのだ。

再調査の理由を問われ、真剣に考える中で、「いないこと」を確認することに価値を見いだしていくよう

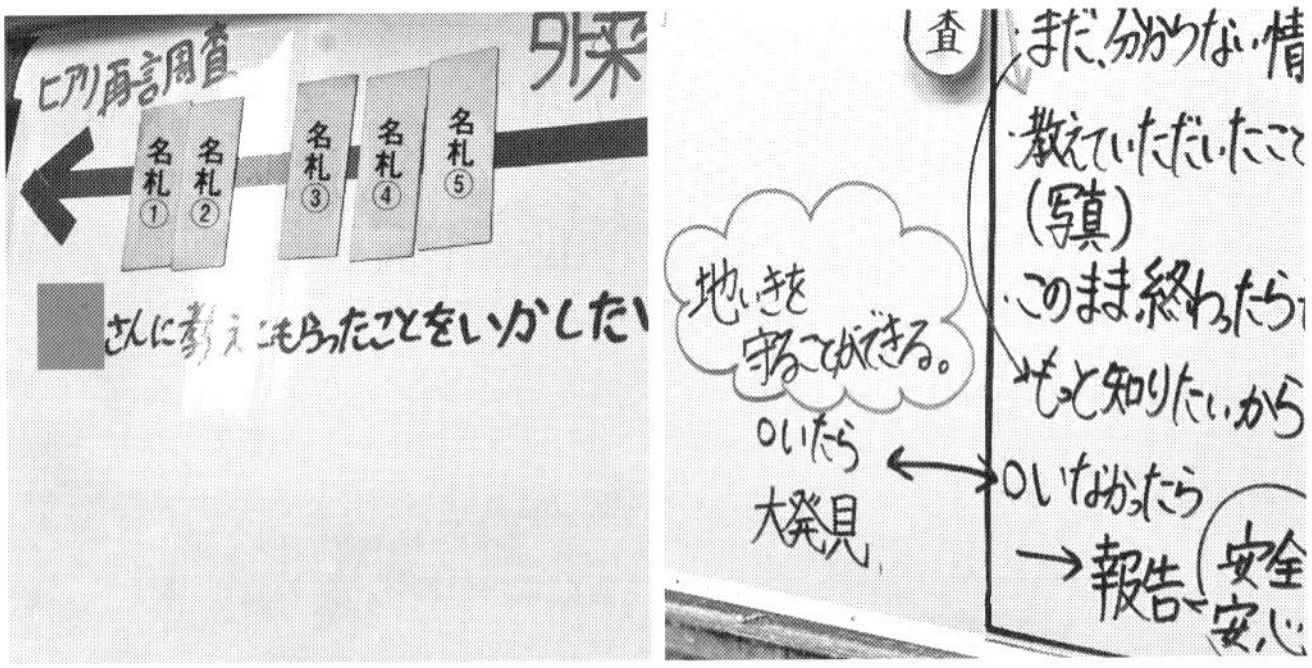

▶「地域の方や専門家に教えてもらったことを生かしたい」「いなかったとしてもそれを報告すれば地域の安心につながる」。適正に、高度になっていることが分かる

になる。

そのうちに次のように語る子供が出てきた。

「**いないってことが『地域が安心で安全』ってことだと思うんだ。だから、再調査をすべきだよ**」

さらには、

「**いないことをはっきりさせることが、『地域を守る』ってことなんじゃないかな。やっぱり、再調査が必要だよ**」

こうして子供は、自らの学びを深め、その質を高めていく。

知識の構造化（目的や価値とのつながり）

＊

子供の姿に明らかなように、最初の子供の考えは、特定外来生物の「ヒアリ」を探すことに夢中になっており、それは「目立ちたい」「有名になりたい」といった極めて個人的な願望によるものであった。つまり、「ヒアリ」を調査するという知識の体系は、功名心と結び付いていたと考えることができる。それが、話合いを進める中で、**「みんなのため」「地域の**

④知識が目的や価値、手応えとつながるタイプ (cf：p.61)

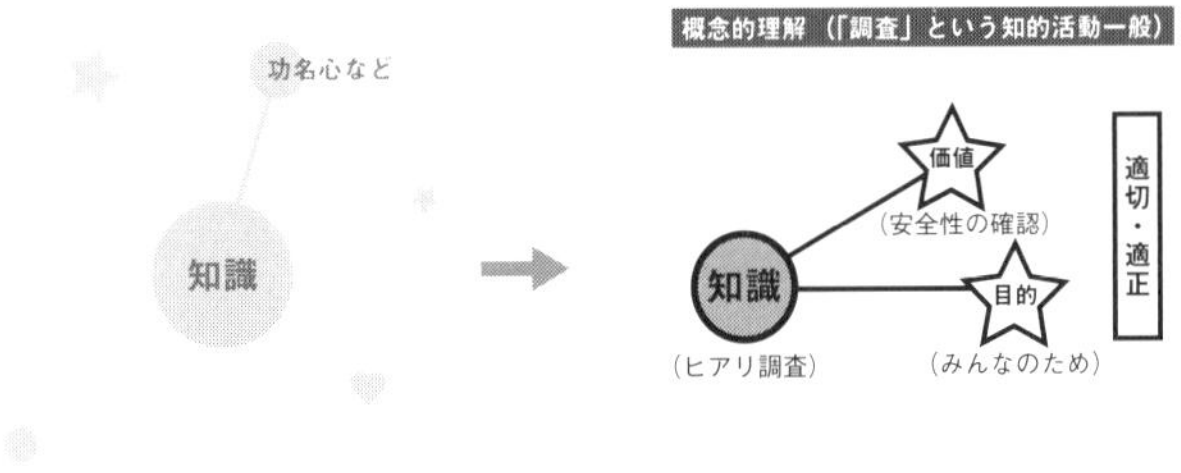

ため」「公共のため」といったより高次な目的や価値とつながり、結び付き始めていることが理解できるであろう。このような学びを「深い学び」と考えることができる。

しかも、こうした学びが、充実感、達成感、自己有能感、一体感などのポジティブな感情とつながることで、「またやってみたい」「少し大変だけどやってみたい」「みんなでやってみたい」という、より持続的で安定的な学びに向かう力として身に付いていくものと考えることができる。

こうして子供は、学びを人生や社会に生かそうとする学びに向かう力を確かにしていくのである。

「深い学び」を生み出した要因

ここでは、単元が**「課題の設定」→「情報の収集」→**

わたしは、ヒアリの再調査をする方がいい
と思った理由が今日の総合の時間でありまし
た。まず一つ目は、もしもヒアリをみつけた
としたら、ちょっとだけかもしれないけれど
地いきの安全をやることができるからです。
二つ目は、もしもみつからなかったばあいで
はこの地いきは安全だから安心してください
という報告ができるからです。わたしは、ヒ
アリの再調査をする時どこでやればいいかを
考えて、と山公園で調査をするとしていたら

▶「ヒアリ調査」に係る知識体系が「地域の安全」という価値に結び付き、より適切で適正なものになっていく。「資質・能力の三つの柱」でいう「学びを人生や社会に生かそうとする『学びに向かう力・人間性等』」に当たると言える

「整理・分析」→「まとめ・表現」の探究のプロセスになっていることが一つのポイントと言えよう。子供は、自分ごとの課題に真剣に立ち向かい、主体的に調査活動に取り組んでいる。しかも、そこでは学級内はもちろん、地域の人や専門家などの多様で異なる他者との関わりや対話、交流によって協働的な学びを展開してきた。そうした学びの中で生まれた「再調査したい」という課題であったことが、一人一人の子供にとっての**真正の学びを成立させることに**つながっている。

また、子供は話合いの中で、これまでの地域での様々な活動を想起しながら、あるいは、お世話になった人の顔を思い浮かべながら「再調査の必要性」を熟考しているのではないか。日常生活や学校生活における**豊かな体験、価値ある経験の繰り返しが多くの関わりを生み、より高い目的や価値と知識を結び付けていく**ものと考えることもできる。

Factor 9 ▶ 人・もの・ことと関わる探究

＊単元構成のためには、学びのプロセスを「探究モード」にすること
が重要

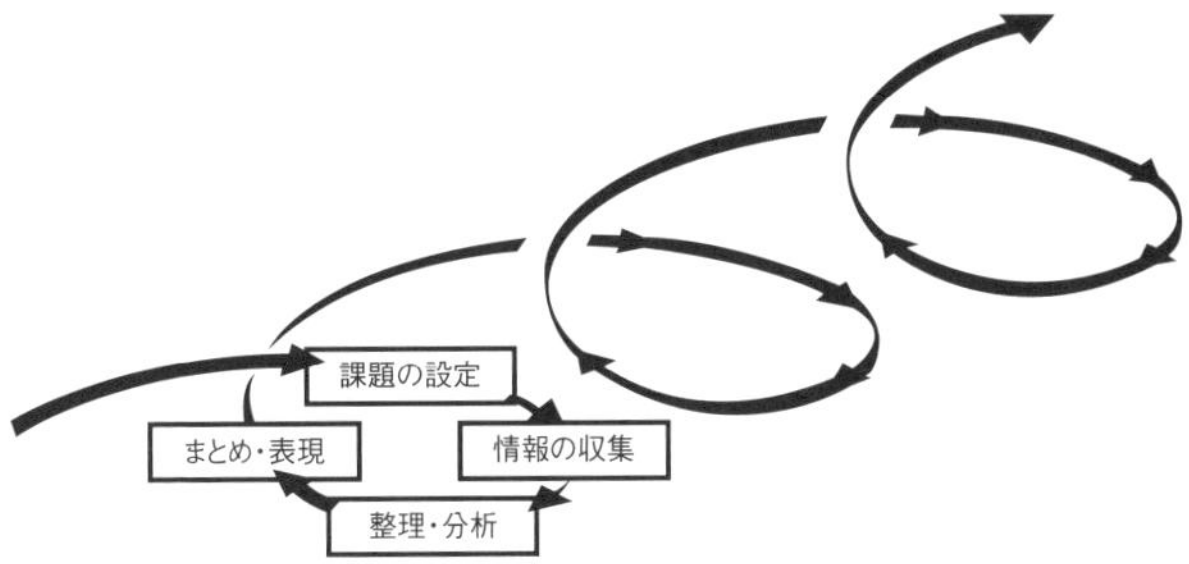

POINT

「①課題の設定」「②情報の収集」「③整理・分析」「④まとめ・表現」
の繰り返し

探究のプロセスにおいて
地域社会や様々な人と関わる

社会と関わり多様な価値と出合い、
「深い学び」に向かっていく

case 10 中学校３年　数学科

図形と相似

単元の概要と学習活動

子供は、中学校３年生の本単元までに、関係のある次のような学習を経験する。小学校６年生では「縮図や拡大図」。中学校１年生では「平面図形」「空間図形」。中学校２年生の「図形の調べ方」では、角や平行線の性質、三角形の合同条件や証明。「図形の性質と証明」では、二等辺三角形や平行四辺形の性質の論理的な確認。

この単元では、相似の概念を明らかにし、これまでの学習における図形の性質を用いて、様々な図形の性質や基本的な立体の相似の意味を理解し、図形の計量ができるようになることを目指している。相似の知識、証明、図形の性質などを一方的に教え込むのではなく、子供が自ら見付け出すように学習活動を展開していく。なお、証明については、多様な証明の方法を考えたり、自ら作図した相似な図形を証明したりなどの学習活動を行っていく。

単元の終末では、日常生活の場面における問題解決を数学を活用して行う。身近な生活の場面においても、相似の考えを使って問題が解決できることを実感できるようにしたいと考えて単元を構成している。

「深い学び」に向かう子供の姿

単元において、「図形と相似」「平行線と線分の比」「相似な図形の計量」を順次学習してきた。その単元の終末で、「相似の利用」として、文化祭の学年作品を体育館の壁面に掲示する問題状況から、「体育館の壁面の高さを求める」という課題を設定し、全員で解決に向かって取り組んでいく。

個人で測定方法を考えた後に、グループごとに解決方法を考えていく。その際、「何の長さを求めるか」「何のために求めるか」「求めた数値をどう使うか」を視点に検討していった。正確な測定に向けて、他との比較を行ったり、測定方法を修正したりして質の高い方法へと学びを進めていった。その中で、「平行線と線分の比」「相似の性質」を再度確認していくことと

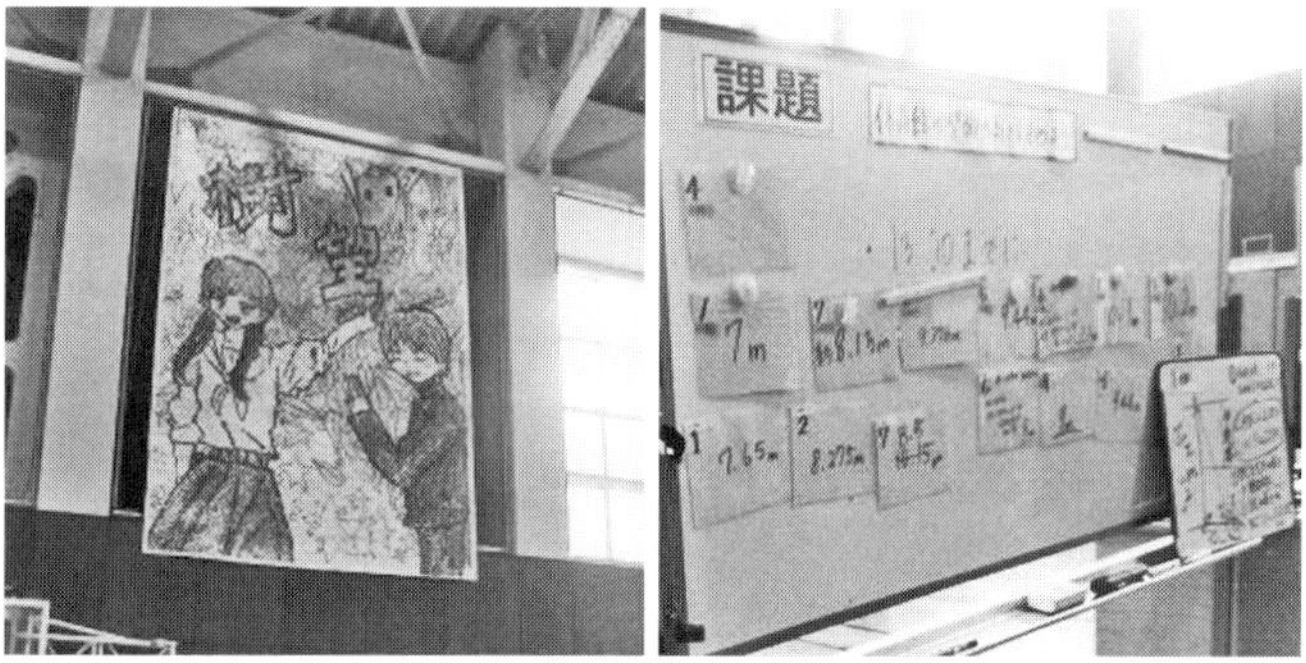

▶これまでに獲得した知識を、実際の生活場面における課題（文化祭での発表）の解決のために活用していく

なった。

授業後の子供の感想は次のようなものであった。

「**教科書で学ぶより楽しいです。学んだことが実際に使えることが分かります。**

実際の生活の中では、誤差とかもあって、教科書どおりにはいかないんです。

そんな時、班で話し合って、他の人の考えを生かして解決していくのが楽しいんです。

教科書だと、「まあいいか」って思っちゃうけど、今日のような学習だと「なんで」「なんで」が繰り返されていきます。聞いているだけでは理解は深まりませんが、話し合うと深く学べます」

知識の構造化（場面とのつながり）

知識の構造化（手応えとのつながり）

＊

先の子供の姿に、「深い学び」の姿を見ることができる。一つは、**学んだ知識を活用・発揮しようとしている姿**である。**教科書に用意された、整ってはいるものの限定的な状況設定**

の中で、学び獲得した知識を、実際の生活の場面で使うことを自覚している。リアルな生活の場面では、教科書どおりにいくことばかりではなく、誤差や測定ミス、様々なノイズが入り込む。そうした中で、**余計な数値を捨象し、重要な情報を選び出し、既習の知識を使って解決に向かっていく**。相似に関する学習で学んだ知識の中で、主要なものはどれかを選別している姿と考えることができる。このことは、知識を新たな場面や異なる状況とつなげながら、重点化し構造化していることと考えることができる。

二つは、子供が「楽しい」と繰り返し話している姿にある。身に付けた知識が活用できる楽しさ、仲間と力を合わせる楽しさ、問題状況が解決されていくことの楽しさ、そうした楽しさを実感し、手応えとしてつかんでいる様子が発言の中から明らかである。そのことが、『なんで』『なんで』が繰り返される」と語り、**繰り返し粘り強く解決に向かう姿勢**を生み出している。相似について学ぶ中で獲得した知識の体系的な構造に、「充実感・達成感・自己有能感・一体感」などのポジティブな感情がつながり、そのことが、その後も安定的で持続的に学びに向かう力を確かに育成していく「深い学び」を実現していくのであろう。

case8の一五七ページで示したように、構造化された四つのタイプの知識は、一体となり、それぞれに子供の学びの姿となって現れる。逆に考えるならば、真剣に、本気になって学びに向かう時、楽しく充実した学習に取り組む時には、期待される「深い学び」に向かっていると考えることもできるのではないだろうか。

「深い学び」を生み出した要因

ここで「深い学び」が生まれた要因は、単元構成にあることは誰もが気付くことであろう。**単元の終末に、「相似の利用」を位置付け、そこに向かうような単元構成を用意することが有効に機能している**。そのことが、分かったことやできたことを活用する楽しさにもつながっている。

また、**解決すべき課題が、日常生活と密着したリアルなものであることも大切である**。だからこそ子供は本気で追究し、解決しようと立ち向かう。そうした学びであるからこそ、手応えも大きくなるのであろう。

さらには、共に解決に向かう仲間がいることも重要である。問題の解決や、思いや願いの実現は、一人ぼっちでは難しい。友達がいること、仲間がいること、クラスメートがいることがプロセスを充実したものにしてくれる。そして、そのことこそがポジティブな感情を生み出し、実感させるのではないだろうか。

Factor 10 ▶ 日常生活の場面での探究

＊知識を活用・発揮するためには、単元の終末にどのような学習活動を設定するかが肝要。

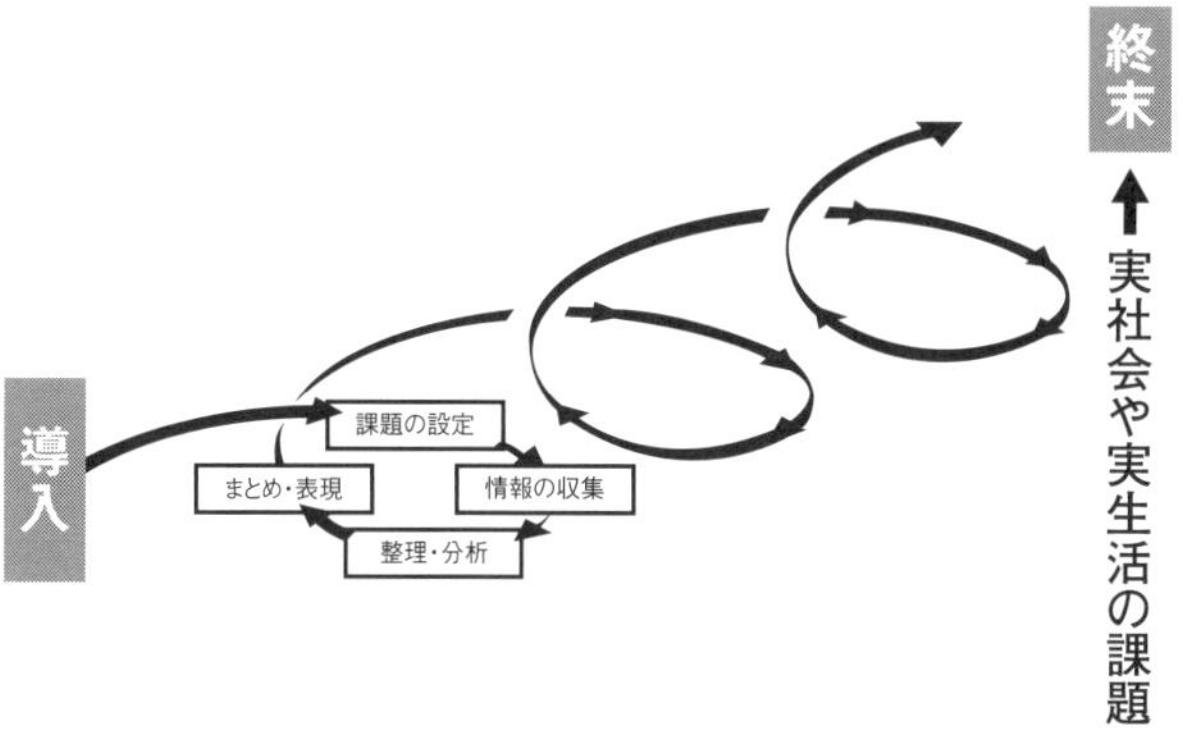

POINT

終末の課題は、日常生活に密着したリアルな学習の場面を用意する。

解決に向かう仲間と共に真剣に取り組む

日常に密着した真正の学びが本気の追究を生成し、「深い学び」に向かっていく

「深い学び」を仕掛ける教師

資質・能力の育成のためには、一人一人の子供に「主体的・対話的で深い学び」が実現することが欠かせない。前向きに学習に取り組む主体的な学び、友達などとのやり取りを通した対話的な学び、それに加えて「深い学び」がとりわけ大切になる。この「深い学び」は、**知識が高度化して駆動する状態、すなわち資質・能力が育成される状態に向かっていくこと**として、「深い学びにアプローチする子供の姿」を一〇ケース紹介してきた。それぞれの具体的な姿から、「深い学び」のイメージを確かに、そして、豊かに広げていってほしい。なぜなら、**期待する学びの姿をクリアーかつ質の高いものとしてイメージし、描けるかどうか**は、そうした姿を実現するために欠かせない教師力だからである。

一方、期待する子供の姿をイメージし、描くことだけでなく、描いた姿を実際の授業において具現する教師の力もまた必要となる。先の一〇のケースでは、子供の姿を生み出した要因を分析してきた。ここでは、それぞれに記されてきた要因を再度構成し直して、教師が

「深い学び」に向けて、どのように仕掛けていくかを明らかにしていく。

1　指導計画の作成

期待する学びを実現するためには、そのための指導計画が問われる。とりわけ、プロセスを重視していることから、単元の指導計画をどのようなものとして構想し、構成するかは重要なポイントである。実際、今回の学習指導要領においては、case7の一四七ページでも述べたとおり、第1章総則の第3の1に記述があるだけではなく、各教科等の「第3　指導計画の作成と内容の取扱い」においても、全ての教科等において、単元を見通した授業改善の必要性が記されている。例えば、国語は以下のとおりである。

第3　指導計画の作成と内容の取扱い

1　指導計画の作成に当たっては、次の事項に配慮するものとする。

(1)　単元など内容や時間のまとまりを見通して、その中で育む資質・能力の育成に向けて、児童の主体的・対話的で深い学びの実現を図るようにすること。その際、言葉による見方・考え方を働かせ、言語活動を通して、言葉の特徴や使い方などを理解し自分の思いや

考えを深める学習の充実を図ること。　（サイドラインは筆者）

こうした単元構成において、「深い学び」を実現するために配慮しておかなければならないこととしては、以下が考えられる。

まず、子供にとって**意味のある一連の問題解決のまとまりになっているかどうか**である。単元とはユニットのことであり、一連の問題解決のまとまりを意味する。**子供の意識や思考の流れに沿った構成になっているかどうかが「深い学び」を実現するかを左右する**。そのことは、子供の自然な学びが、教科等に固有な学びへと向かっていくことを意味する。もちろん、子供にとって取り組んでみたくなる、解決したくなる学習の課題であることは欠かせない。

次は、**習得・活用・探究のバランスを意識した単元構成であるかどうか**である。「深い学び」を実現する鍵は「活用・発揮」であった。「活用・発揮」とは、先に学んだことを、後から活用したり発揮したりすることを意味する。そう考えるならば、**単元の前半で獲得する知識は何か、単元の後半で活用し発揮する知識は何かを明らかにする必要がある**。と同時に、前半部分は習得場面を意識して学習活動を行い、後半では活用や探究する学習活動を位置付けることが容易に想像できる。もちろん全ての教科等の全ての単元において「習得↓活用↓

探究」の順番にすればよいと言うつもりはない。子供の発達の特性、教科等ごとの学びの特質などを踏まえながら、それぞれの単元に応じて知識の活用・発揮を意識した単元構成が「駆動する知識」の生成に向けた「深い学び」を実現することになる。

その点から考えれば、「単元間の活用・発揮」や「教科等間の活用・発揮」を視野に入れた全体を俯瞰する単元配列表なども「深い学び」を実現するためには欠かせない指導計画の作成である。このことこそが、今期改訂において重視される、「カリキュラムをデザインする」ことによる「学びの地図」と考えることもできよう。

また、単位時間の学習過程をどのように構成するかも重要である。一人一人の子供が主体的に取り組むことで知識は活用され関連付いていく。あるいは、異なる多様な他者との対話で構造化に向かっていく。最後に省察することで知識がつながっていく。だとすれば、**導入の場面に工夫すべきこと、展開の場面で行うこと、終末で欠かせないことが明らかになってくる**。これらの詳細については、第三章で述べることとする。

こうした指導計画における様々な工夫を行うことが、一人一人の子供を「深い学び」に接近させていくのであろう。

2　教材の研究

「深い学び」の実現のためには、教材の研究が欠かせない。例えば、次のことを分析し明らかにすることが考えられる。

○どのような資質・能力の育成を目指しているのか
○どのような教材を扱うのか
○教材として、どのような価値があるのか
○どのように教材化して授業で扱うのか
○単元や学習過程として、どのように構成するのか

とりわけ、「**教材として、どのような価値があるのか**」を、今まで以上に丁寧に分析できなければならない。その際、知識が駆動する状態になり、資質・能力が育成されるためにも、教材に内包される要素として、次の五つを検討すべきである。

① どのような宣言的な知識や手続き的な知識が存在するのか
② どのような概念的な知識が期待されているのか
③ どのようにして概念的知識が形成されていくのか
④ 中核となる知識や基盤となる知識があるのか
⑤ どのように知識を活用・発揮するのか

こうした要素を自覚している教師は、先に挙げた家庭科（case4）や音楽（case5）の姿に見られるように、「深い学び」に接近していく授業を実現することができる。**概念を形成する中核となる知識を明確に自覚している教師は、そうした中心概念を核とした学習活動を構成できる**。あるいは、いくつかの**技能の基盤となる知識を明確に自覚している教師は、それを明示し習得する場を用意することができる**。「深い学び」を実現するには、教材の本質的な価値を見極める教師の分析力が必要である。

3　教師の指導

授業における教師の指導には大きく二つの種類が考えられる。一つは、直接的な指導。それは、教師が学習者である子供に直接的に働きかけることをイメージするとよい。その代表的な例が発問や板書と言われるものである。もう一つは、間接的な指導。それは、教師の働きかけが間接的に子供に影響することをイメージすればよく、例えば、構成した学習環境や用意した学習形態が子供の学びの質を高めることなどが挙げられる。

「深い学び」を実現するためにも、こうした教師の指導が重要なポイントとなる。例えば、発問であれば、**状況や理由を明らかにすることを求める問い**が好ましく、子供が**詳しく説明しなければならないような問い**が有効である。そのためにも**開かれた問い、関係性を明らかにする問い**などが考えられる。板書についても、記録された黒板の情報が、どのような関係にあるのか、構造化された板書であることが大切である。板書は記録する機能のみならず、思考を促す機能があることを再認識する必要があろう。「深い学び」に向けた意図的で明示的な指導が求められている。

また、**グループをどのようなメンバーで構成するのか**なども極めて重要である。どのような知識や情報をもった子供が集まっているのか、どのような処理方法を得意とするのかなど、構成員の特徴を理解した上で、意図的にメンバーを構成することなども必要になろう。こうした子供の学びに影響する要因を丁寧に分析し、状況を整えることによって期待する学びが具現されると考えるべきであろう。

知識が関連付いて構造化したり身体化したりして高度化し、駆動する状態に向かうことを「深い学び」と考えてきた。そのためにも、単元計画などの指導計画を作成すること、教科等固有の学びを実現する教材の研究をすること、意図的で明示的な指導をしたり、適切かつ好ましい学びの状況を整えることなどの具体的な教師の工夫が求められているのであろう。

「深い学び」の実現に向けては、指導計画の作成、教材の研究、教師の指導が重要であることを記してきた。それぞれの取組は、授業における**全ての子供に資質・能力を育成したいとの考え**に基づく。一部の子供のみで話合いが展開される授業、一見華々しいけれど参加できない子供がいるような授業ではなく、学級の全ての子供に期待する学びが実現されることが大切になる。

指導計画の作成、教材の研究、教師の指導は、別々に存在するのではなく、それぞれが関連し、つながり合って機能し、授業の子供の姿に反映される。また、ここまで記してきたことは、**決して「深い学び」にのみ適用されるものでもない**。示してきた多くは、これまでも語り続けられてきた授業づくりの王道であり、多くの先人が取り組んできたことである。また、身の回りの優れた実践者が日常的にチャレンジしていることでもある。その意味から考えれば、これまで同様一人一人の子供の学びを大切にして授業を創造することを大切にしていきたい。

いわゆる「学習者主体」が今期改訂の重要な考え方である。学び手である子供の視線で、今まで以上に授業を見つめ直し、その改善に向かうことを期待しているのである。そのためには、私たちがこれまでに行ってきた授業づくりを、より自覚的に、より着実に、子供の目線で実施していくことが大切になる。

一方、学習者中心だからといって、教師が何もせず、子供任せにするということではない。**「子供の主体性」と「教師の指導性」は対立するものではなく**、それぞれに相乗効果を発揮しながら成果を上げていくものである。

私たちは、これまで以上に子供の立場に立って、学習者の目線で授業を考える必要がある。学び手の子供が、「なるほど」「そうだったんだ」と学習に取り組む姿を実現したい。「またやりたいな」「今度はこうしよう」と次の授業に思いを寄せる姿を実現したい。笑顔で語り、真剣に耳を傾ける姿を実現したい。そのためには、教師の適切な指導が欠かせない。教師力が求められているのである。

多様な子供に応じた、全ての子供に対応する「主体的・対話的で深い学び」を実現するためにも、一人一人の教師が確かな指導力を身に付けることが求められる。そして、そのことこそが、教師にとっての「やりがい」「充実感」といった豊かさにつながっていくのではないだろうか。

Digest ▶「深い学び」を仕掛ける手立て

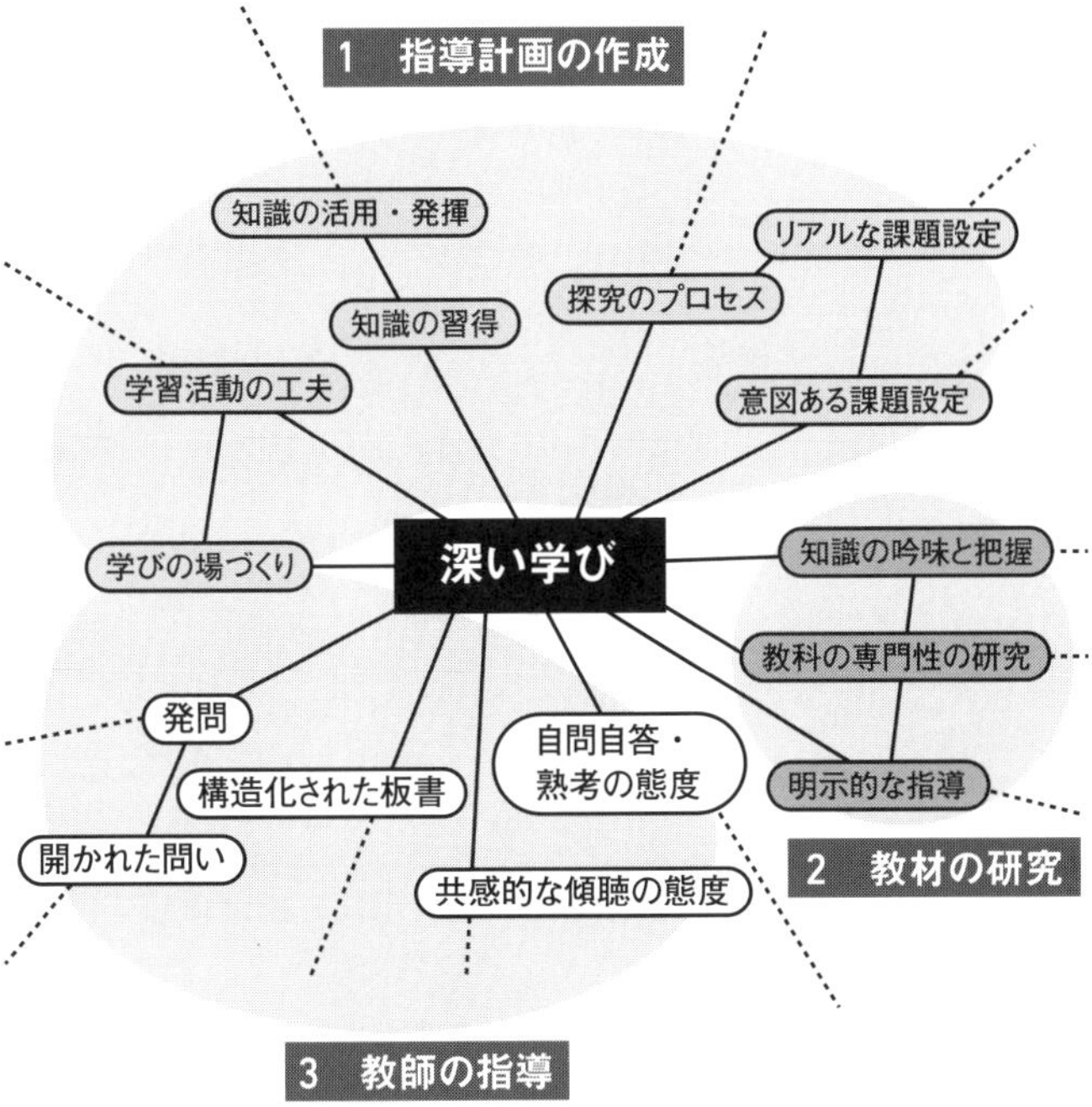

▶case1 ～ 10 における、子供を「深い学び」に誘《いざな》う教師の手立てを「ウェビングマップ」にまとめると、およそ上のようになるだろう

ウェビングマップ 思考ツールの一種。とりわけ、情報の関係性を重視しまとめるのに最適

第3章

「深い学び」を具現する授業デザイン

第2章では、子供が「深い学び」へ向かう具体の姿を見てきた。知識がスムースに構造化されたり身体化されたりして高度化するためには、「活用・発揮」を意識した授業デザインをすることが必要不可欠であることも見えてきた。ここからはもう少し具体的に、どのような授業の流れ、セッティングが子供に知識の活用・発揮を促し、探究のプロセスへと導くのかを明らかにしていきたい。実際に、授業づくりをする際のポイントとしていただければ幸いである。

- 「プロセス」の充実
- 豊かな「学び合い」の展開
- 確かな「振り返り」の実施

練られたビジョンが、教室を支える。

「深い学び」のためのプロセスの充実

資質・能力の育成に向けた「深い学び」の実現には、プロセスの充実が欠かせない。今回の学習指導要領の改訂では、各教科等でプロセスを明らかにして検討を行った。例えば理科では、問題解決のプロセスとして、例えば数学では、数理の世界と生活の世界という二つのループでプロセスを整理した（資料7・8）。

こうしたプロセスについては、既に一〇年前の前回改訂の時の、『小学校学習指導要領解説　総合的な学習の時間編』において、「探究のプロセス」を資料9のように整理していた。このプロセスが充実し、探究が実現することによって、大きな成果が上がることが明らかとなっている（資料10・11）。実社会で活用できる汎用的能力の育成のためには、プロセスの充実が欠かせないのである。

では、実際の社会で活用できる資質・能力を身に付けるために、どのようにしてプロセス

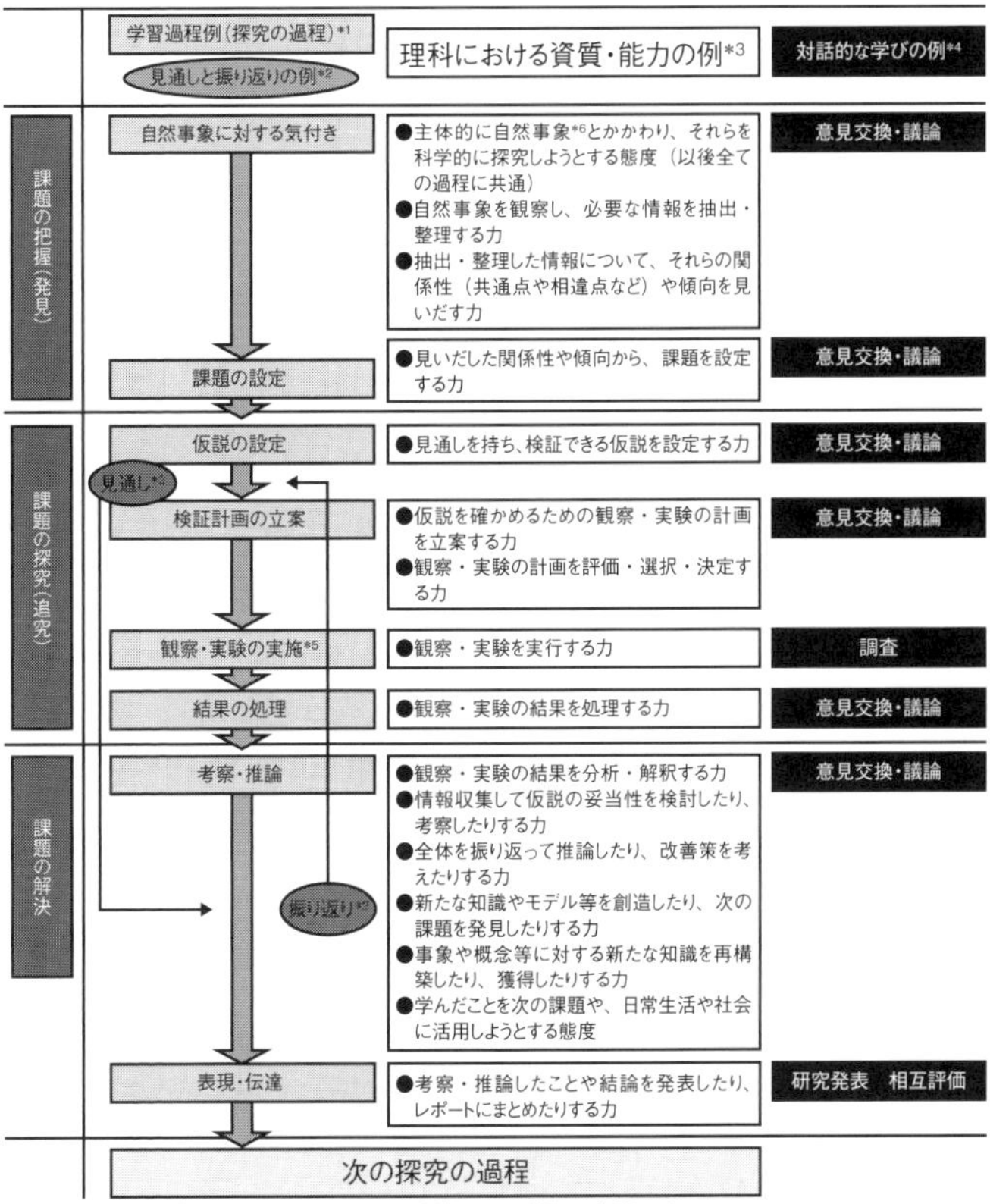

*1　探究の過程は、必ずしも一方向の流れではない。また、授業では、その過程の一部を扱ってもよい。
*2　「見通し」と「振り返り」は、学習過程全体を通してのみならず、必要に応じて、それぞれの学習過程で行うことも重要である。
*3　全ての学習過程において、今までに身に付けた資質・能力や既習の知識・技能を活用する力が求められる。
*4　意見交換や議論の際には、あらかじめ個人で考えることが重要である。また、他者とのかかわりの中で自分の考えをより妥当なものにする力が求められる。
*5　単元内容や題材の関係で観察・実験が扱えない場合も、調査して論理的に検討を行うなど、探究の過程を経ることが重要である。
*6　自然事象には、日常生活に見られる事象も含まれる。
*7　小学校及び中学校においても、基本的には高等学校の例と同様の流れで学習過程を捉えることが必要である。

資料7　資質・能力を育成するために重視すべき学習過程のイメージ（高等学校基礎科目の例）

（「答申」別添資料 2016 年 12 月 21 日より）

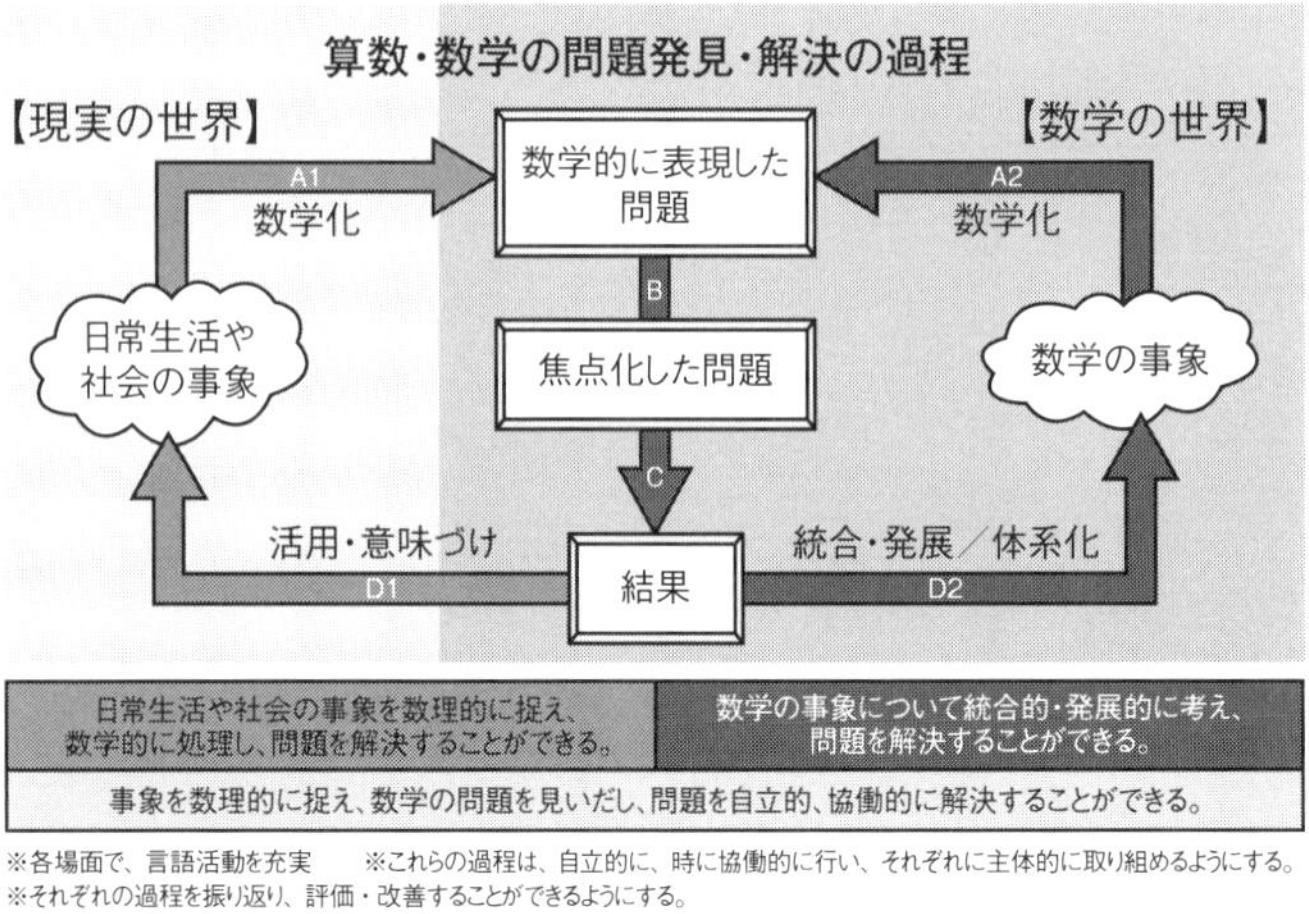

資料８　算数・数学の学習過程のイメージ
（「答申」別添資料 2016 年 12 月 21 日より）

が機能していくのだろうか。

資質・能力の育成は、その学習活動において、学習者である学び手の一人一人が本気になって、真剣に、自らの思いや願いの実現や課題の解決に向けて取り組むことが欠かせない。なぜなら、資質・能力は本人が全力で取り組み、そうした力を発揮することの繰り返しや積み重ねによってこそ身に付くからである。

コミュニケーションを例に考えてみよう。もちろん、コミュニケーションのための知識や技能は必要だが、多くの人と話し合ったり、様々な考えの人と意見交換した方が格段にコミュニケーションの力が高まるのは、誰もが経験済みであろう。しかも、それが友達だけではなく、

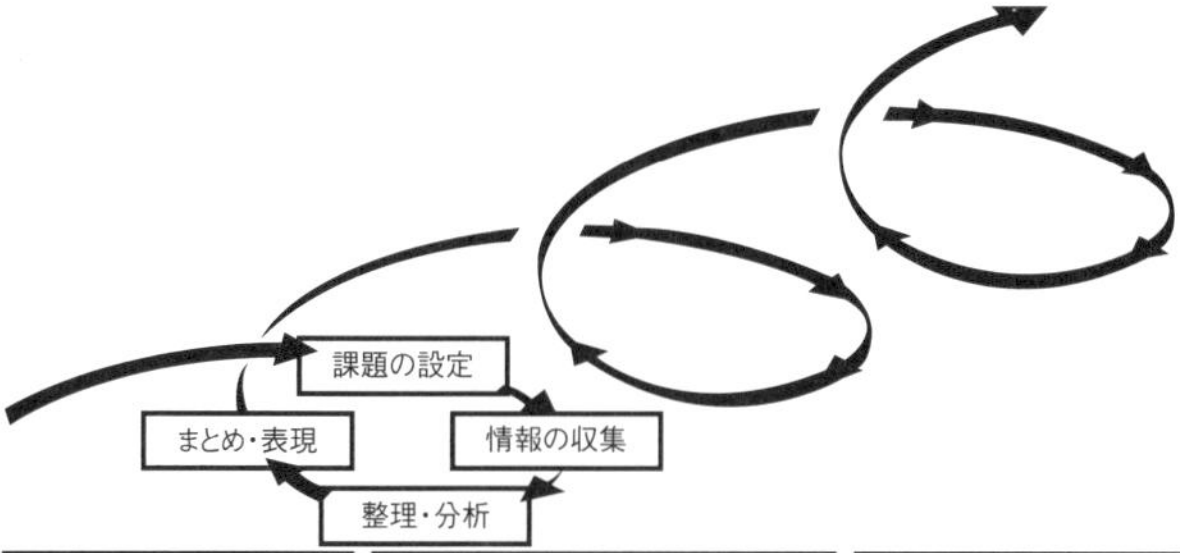

■ 日常生活や社会に目を向け、児童・生徒が自ら課題を設定する。	■ 探究の過程を経由する。 ① 課題の設定 ② 情報の収集 ③ 整理・分析 ④ まとめ・表現	■ 自らの考えや課題が新たに更新され、探究の過程が繰り返される

資料9　総合的な学習の時間における「探究的な学習における児童・生徒の学習の姿」

（文部科学省『小学校学習指導要領解説　総合的な学習の時間編』より）

大人を相手にしたり、公式の場や重大な決断の場を踏むことができればなおさらだ。

このように考えると、**汎用的能力の育成は力を発揮し続けるプロセスの充実**によると考えるべきであろう。一人一人の子供が、悩み、迷い、解決せずにはいられない課題を設定し、その課題の解決に向かって多様に取り組むことで、問題解決の力は育成される。また、なんとしても相手に分かりやすく伝えたいと願い、発表の仕方を工夫し、繰り返し話したり、実際に伝えたりしていくことでプレゼンテーションの力は劇的に進歩していくのではないだろうか。

日本全国の各学校で行っている総合的

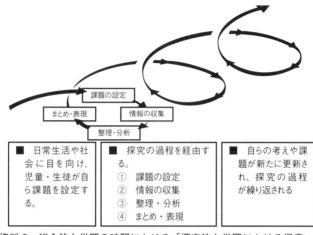

児童（生徒）質問紙（40）：「『総合的な学習の時間』では、自分で課題を立てて情報を集め整理して、調べたことを発表するなどの学習活動に取り組んでいますか」

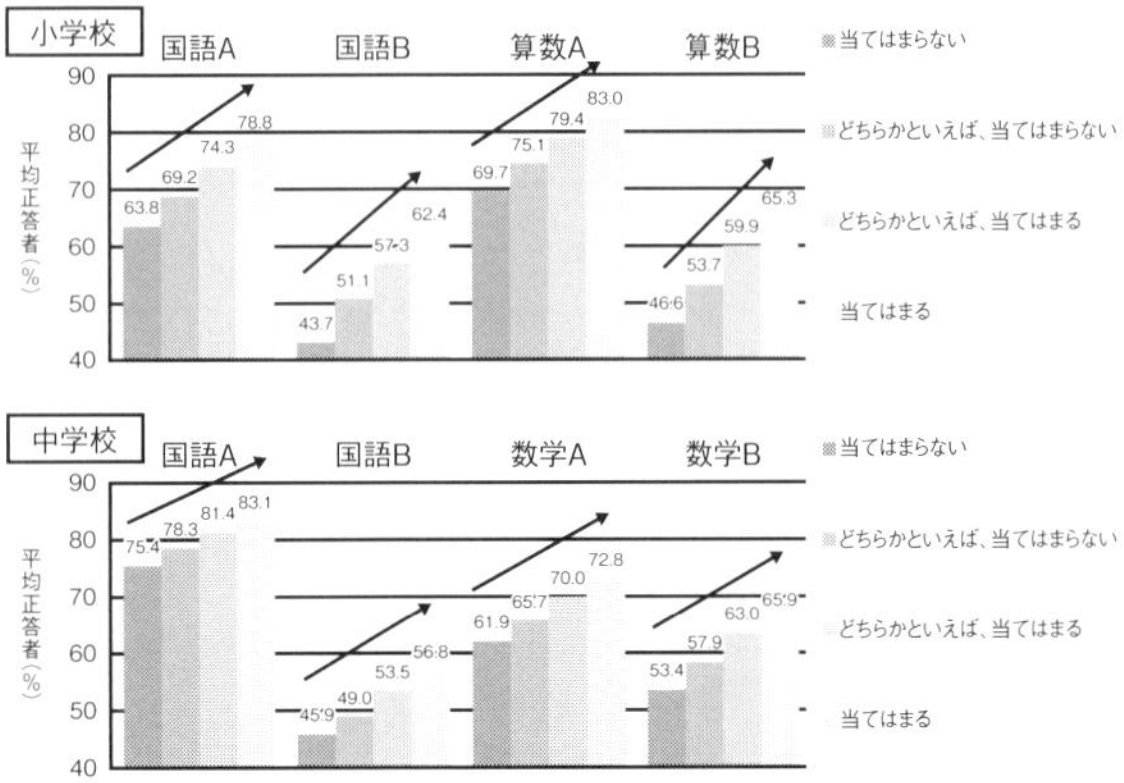

資料 10　総合的な学習の時間と各教科との相関関係
（「平成 26 年度　全国学力・学習状況調査　報告書【質問紙調査】」より）

な学習の時間では、資料9のような「探究のプロセス」を「探究」のイメージとして示している。したがって、各教科等でプロセスを考え、実現しようとする際には、この「探究のプロセス」を参考にプロセスの充実に向かうことが考えられる。「探究のプロセス」では、問題解決的な活動が発展的、そして連続的に繰り返されるひとまとまりの学習活動となる。そして、この「探究のプロセス」の中で体験活動や言語活動が繰り返し行われ、「学び」の質が高まっていくのであり、そうしたイメージを各教科等でももちながら、学習過程としてのプロセスを明らかにしていく必要があるだろう。

　こうしたプロセスを一層充実させて、高

生徒質問紙（37）：「『総合的な学習の時間』では、自分で課題を立てて情報を集め整理して、調べたことを発表するなどの学習活動に取り組んでいますか」

中学校

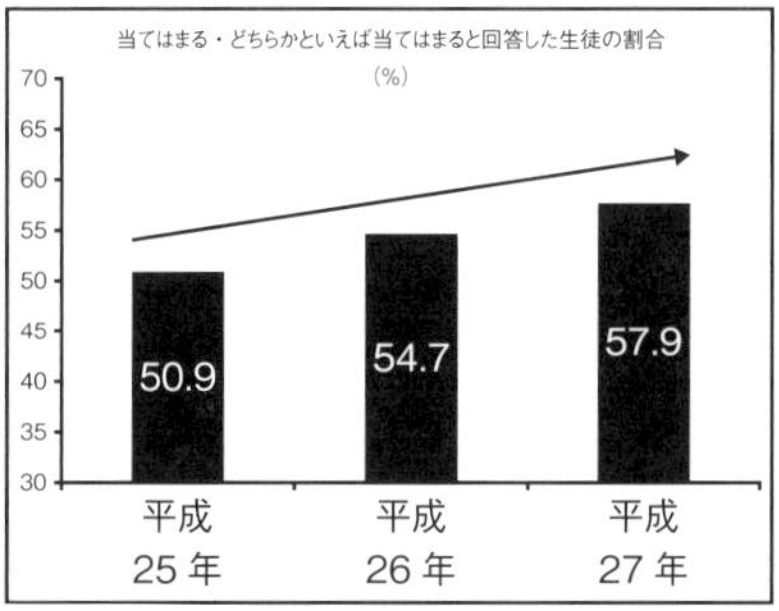

総合的な学習の時間において、自分で課題を立てて情報を集め整理して、調べたことを発表するなどの学習活動に取り組んでいる生徒の割合が増えている。小学校においても同様の結果。

資料11　総合的な学習の時間に関わる質問紙調査の結果
（「平成27年度　全国学力・学習状況調査　報告書【質問紙調査】」より）

めていくためには、どのような点に配慮することが求められるだろうか。一つは、プロセスの質を高めるために、その構成を再度検討することにある。二つは、プロセスを一層充実させるために、豊かな「学び合い」を展開することである。三つは、プロセスの成果を得るために、確かな「振り返り」を実施することである。

ここからは、この三つの点をもとにプロセスの充実について考えていきたい。

プロセスを再検討する
―「到達点の明確化」と「通過点の具体化」―

探究的な学習に象徴的に現れるように、子供の学びには豊かな学習過程としてのプロセスがあり、そのプロセスが単元において繰り返されていく。重要なことは、そのプロセスが目指す方向性、ベクトルである。**子供たち一人一人の学びの向かう先はどこなのか**。このことを明らかにしておかないとプロセスが這い回り、単なる活動を行っただけで終わる心配がある。プロセスが右肩上がりに高まっていくこと、そして、その質が高まることが重要である。

この「ベクトル」と関係が深いのが、育成を目指す資質・能力である。単元を構想し、構成する際には、どのような「知識・技能」「思考力・判断力・表現力等」「学びに向かう力・人間性等」が育成されるかを明らかにし、そのためのプロセスを構成していく。「知識・技能」としては、どのような概念的知識を形成し、獲得することを期待しているのか。「思考力・判断力・表現力等」としては、どのような知識・技能を適用して、考え、判断し、表現しようとする姿を期待しているのか。「学びに向かう力・人間性等」としては、どのような知識・技能を適正で安定的な態度として発揮しようとする姿を期待しているのか。こうしたプロセスにおける育成を目指す資質・能力を子供の具体的な姿として描くことが大切になる。

そのためにも、プロセスのゴールを明確にする必要がある。とりわけ単元の終末で、どのような概念的知識の形成を目指すのかが、単元の到達点のイメージを鮮明にさせることになる。概念的知識としては、例えば、人を取り巻く自然に関する構成概念としては、次のことなどが考えられる。

ア：事象は、様々なものから生成され、自然の中には【多種・多様】な事象が存在していること
イ：事象は、様々な要素がつながり、巡り、【関連・循環】していること
ウ：事象は、変化し続ける（【変容】）とともに、その変化は限りある（【有限】）ものであること

一方、人の意思や行動についての社会に関する概念の形成としては、次のことなどが考えられる。

エ：社会は、地域や世代によって異なり（【独自】）、その違いを個性として生かし伸ばす（【尊重】）こと
オ：社会では、互いに関わりながら（【連携】）、それぞれのよさを生かすこと（【協力】）
カ：社会では、新しいものを生み出したり（【創造】）、創り上げたりすること（【構築】）

プロセスのゴールとして、こうした概念の形成を一つのイメージとすることが考えられる。一方で、期待される資質・能力の育成のためには、プロセスの通過点でどのような学習活動を行うべきか、このことを明らかにする必要がある。

資質・能力は、教えられたからといって簡単に身に付くものではない。教科書を読んだだけで、生活の場面で使えるものとなるとは考えにくい。実際の生活や暮らし、社会で活用できる資質・能力の育成のためには、期待される資質・能力が何度も何度も繰り返し活用され、積み重ねて発揮されていくことが不可欠となる。**その繰り返しと積み重ねこそが、実際の社会で自在に使いこなせる資質・能力としての育成につながる**。

例えば、学習活動の導入場面では、学習の課題を発見したり、自ら課題を設定したり、解決過程を見通したりするなどの資質・能力が育成される。そして、それぞれは、課題の発見や課題の解決を支える「知識・技能」「思考力・判断力・表現力等」「学びに向かう力・人間

性等」として、具体的な姿となって発揮される。学習活動が展開されていく場面では、多様な情報を収集したり、収集した情報を分析したり、解決に向けて情報の関係を明らかにしたりするなどの資質・能力が個別の子供の姿となって育成される。また、学習活動の終末の場面では、相手や目的に応じて分かりやすくまとめたり、学習活動を振り返り生活に生かそうとしたりするなどの資質・能力が具体的な子供の姿となって育成される。

とりわけ、通過点における具体的な学習活動では、第一章で示した「考えるための技法（思考スキル）」が繰り返し活用・発揮される。導入場面では、事象を比較して、その違いから課題を設定することが考えられる。展開場面では、収集した情報や異なる意見を分類し、類型化しながら新しい視点を創出することが考えられる。終末場面では、学習したことと暮らしを関連付けて、行動に結び付けることが考えられる。

こうした「考えるための技法（思考スキル）」は、第一章で示したように各教科等で「活用・発揮」されるだけではなく、プロセスの通過点において、頻繁に「活用・発揮」され確実に身に付いていく。このことは、「知識・技能」としての思考スキルが、「活用・発揮」されて、場面や状況とつながり自在に活用できる状態、すなわち「駆動する知識」としての「思考力・判断力・表現力等」として身に付いていると捉えることができる。そのためにも、プロセスによる「活用・発揮」を実現する具体的な学習の活動を明確にすることが欠かせない。

豊かな「学び合い」の展開

1 「学び合い」の必要性

「深い学び」に比べて「対話的な学び」がイメージしやすいとは言うものの、「ただのおしゃべりとなっている」「どうすればしっかりとした学びとなるのか」といった心配や不安が顕在化している。先に記したように、三つの視点は一体となっていることから、**表面的なペアの話合いや形だけのトリオの意見交換などを、ただ行っていればよいというわけではないこと**を押さえるべきであろう。やはり、「学び合い」においても「深い学び」を意識することが欠かせない。豊かな「学び合い」の実現について、検討を重ねていくこととする。

「諮問」の段階では、アクティブ・ラーニングは「主体的・協働的に学ぶ学習」となっていた。そこでの「協働的」とは、異なる多様な存在が力を合わせて何か一つの目的に向かっていくことをイメージさせた。一方「対話的」は、「協働的」に比べて、**やり取りが行われ、言語が介在し、自らの思考を通して認識に至ること**とイメージすることができる。「対話的」と表現することで、学習活動として期待しているものを一層明確に示したと考えることができよう。

この「対話的な学び」については、中央教育審議会での議論の中で、「子供同士の協働、教職員や地域の人との対話、先哲の考え方を手掛かりに考えること等を通じ、自らの考えを広げ深める」（「答申」）と示されるようになる。子供同士で話し合ったり、協力して考えを生み出したりするだけでなく、様々な人とやり取りするという**空間的な広がり**、先人の知恵を文献で学ぶという**時間的な広がり**を意識した学びを志向していることが理解できる。

「対話的な学び」に向かう「学び合い」については、次の二つの面から必要性を整理することができる。

一つは、「学び合い」が行われることで、**「主体的な学び」に向かう姿が生まれてくること**である。私たちは、自分の考えが相手に伝わり、相手がそれを受け入れてくれることに喜びを覚える。「学び合い」には、私たちが自ら行いたくなるような特質が内在していると言える。

もう一つは、「学び合い」によって、**物事に対する「深い学び」が生まれやすくなること**である。他者とのやり取りを通して、自分一人で取り組むよりも多様な情報が入ってくる可能性がある。また、相手に伝えようと自分で説明することで、自分の考えを確かにしたり、構造化したりすることにつながる。さらには、「学び合い」を通して、**一人では生み出せなかったアイディアが生まれたり、新たな知がクリエイトされたりするよさ**がある。

このように、三つの学びの視点は分けられるものではなくて、一つの豊かな学びだと考えれば、「友達と話し合っているけど、先生にやらされているだけで全然おもしろくない」と子供が考えていたり、楽しそうに話し合っていても、期待する内容へと深まっていなかったりするようでは、期待される「対話的な学び」とは言えないことになる。「学び合い」によって、学習内容としての資質・能力が育成されているか、学習事項が深く理解されているか、学習活動に前向きに取り組んでいるか、などが検討されるべきであろう。

2　処理過程としての「学び合い」と思考ツール

こうした「学び合い」では、教師はどのような役割を担うのだろうか。

一言で言えば、**教師は子供の学びの促進役になる**と考えたい。これまで一方的に教師が話していた授業に学び手同士の対話を取り入れるのだから、子供同士のやり取りを活発にするのが教師の重要な仕事ということになる。いわゆる、ファシリテーターである。教師中心の授業から、学習者中心の授業となるように、教師が発想を転換しなければならない。しかし、学習者中心だからといって教師が明示的に指導することを否定するものではない。必要に応じて知識や技能を伝達していくことも大切な教師の役割である。学習者中心とは、**子供が期待する学習に向かって本気になって真剣に立ち向かっていくような質の高い学びを実現すること**である。そのためにも先の思考ツール（七六・七七ページ資料4参照）を活用することが考えられる。

質の高い学びを実現するための思考ツールの使用に当たっては、場や状況、環境を整えることが重要である。人数によって対話の在り方は異なる。また、誰と話すかによっても変わる。もちろん、どこで行うかでも変わってこよう。それらの状況や環境をどう整えるかで、子供の学びが質の高いものとして具現されるかどうかが決まってくる。

とりわけどのような思考ツールを用意するかは重要な要素となる。思考ツールを用意する際には、「**子供がもっている情報（piece）**」「**子供が行う処理方法（process）**」「**子供が生成する成果物（product）**」を意識しなければならない。情報の質や量に応じた処理方法があり、期待する成果物に向かう処理方法がある。そうした処理方法に最適な思考ツールを選択し、用意することが欠かせない。また、思考ツールの準備に際しては、子供の発達や経験を視野に入れることは極めて大切である。

こうした考えは、授業のユニバーサルデザインの考え方にも近いとも言える。一人一人の子供の認知特性や学習スタイルに応じる点からも思考ツールは有効であり、言葉を使って深く学ぶだけではなく、図や映像、操作性を通して「深い学び」が実現できることも、指導者は十分に意識しておきたい。

実際、学び合いの質を高めるためには、一人一人の子供の認知特性や学習スタイルを意識することが欠かせない。中でも「**視覚優位な学習者（Visual Learner）**」「**聴覚優位な学習者（Auditory Learner）**」「**体感覚優位な学習者（Kinesthetic Learner）**」などに分類できる感覚様式は大切な視点である。例えば、学び合いの場面においても、音声情報を支える映像情報が話合いを確かに活性化させていくことなどを視野に入れるべきであろう。「子供がもっている情報」「子供が行う処理方法」「子供が生成する成果物」のうち、情報や処理方法を可視化するかどうか、操作化するかどうかなどは、一人一人の子供の認知特性や、そのことに起因する学習スタイルと大きく関わるはずである。

3　「学び合い」が充実する教師力

「学び合い」が充実しているかどうかの手掛かりは、まずは発話者数、発話数などの学級全体の発話量になる。多くの子供が活発に話し合うことは、ファーストステップとして重要である。しかしながら、意識すべきは発話の質であろう。子供の発言が、**周囲の子供の発言、これまでの議論とつながっているかどうか**。これは「学び合い」の質を語る上で重要なポイントとなる。

そのためにも、教師の側には、**子供の学びを受け入れ、つなぐ姿勢**が求められる。子供が学びの中で発している言葉や行為を、教師は受容することが大切である。そのことが、活発に学ぶ子供の姿を具現していくことにつながる。さらに言えば、子供の発言を受け入れながら、教師が子供の学びの価値付けをし、その結び付きを明らかにしていく。学びの意味を評価し、即座に子供にフィードバックしていくのである。そうすれば、子供に自らの学習活動の意味や価値が伝わり、それは手応えとなり、納得を伴った次の学びへと向かっていくことになる。

したがって、教師は、子供がどのような学びの状況にあるのかを見取ることができなければならない。かつての一方通行で教師中心の「チョーク・アンド・トーク」の授業では、子供の学びを見取ることができなくても何とかやってこられた。しかし、これからは学習者である子供が主体である。「どんな思いをもち、どんなことに関心があるのか」「現在の知識の獲得の状況はどのようなものか」「どのようなことを考えているのか」と教師が子供の学びを丁寧に見取ることが求められる。それができなければ、授業改善は難しく、これからは、今まで以上に見えにくいものを見取る力が求められると考えることができる。

見えにくいものを見取るためのポイントとしては、次の三つが挙げられる。

一つは、**見取るための尺度、いわゆる評価規準をもつこと**。「この授業で子供たちにこうなってほしい」というイメージがはっきりとあれば、目の前の子供の状況が十分かどうかがよく見える。「子供の多様な姿を認めるから、規準はなくてもよい」「最初は真っ白な状態で子供を見ましょう」という声もあるが、それは難しい。イメージと目の前の姿を比べることで、子供の学びが見えてくる。

二つは、**時間軸で子供の姿をつなぐこと**。「昨日はあんな発言だった子供が、今日はこんな発言に変わった」「先週取り組んでいた活動を、今日の授業ではこうやっている」など、子供の学びを時間軸で捉えてつなぐと、子供の思考の具体や変化、学びへの意欲を見取ることができる。

三つは、**空間軸で子供の姿をつなぐこと**。授業中には、様々な子供の姿が現れる。子供の学びは、子供の姿となって現れる。それは、発言、ノート、絵、表情、身体の動かし方など、実に様々である。そうした子供の姿を関連付けると、見えにくい思考の様子、意欲の実体が見えてくる。

こうした見取るための三つの工夫を繰り返し行っていくことで、確かな教師力が身に付いていく。そのことが、学びを促進する「次の一手」を、確実に、しかも学び手の目線で実施することにつながる。と同時に、見えにくかった子供の学びが見取れるようになることは、教師にとってはとてもうれしいことであり、日々の実践への大きなモチベーションとなることも間違いないだろう。

こうした教師力を全ての教師が身に付けられるのか、難しいのではないか、という声もある。しかし、多くの教師は、子供を育てることに強い情熱をもっている。「主体的・対話的で深い学び」の実現に向けて取り組むことは、子供の成長の姿を目の当たりにすることでもある。目の前の子供の成長こそが、教師としての本質的な願いであり、その思いが触発されることによって、新しい授業を創造する営みにつながっていく。結果として、多くの教師に確かな指導力が身に付くと、私は考えている。

また、学習指導が適切に行われることで、学級経営がより一層うまくいくという相乗効果も期待できる。日頃の授業で多様な存在を認め合うことや、自分と異なる意見を知ることで自らの考えが深化し発展したという経験などが、豊かな学級経営につながり、その学級風土がまた次の学習の実りを豊かにする。「仲よしで前向きな学級は、学びの場において成果が出やすい」という経験は、誰にもあるのではないか。自ら学び、共に学ぶ集団であればあるほど、結果や成果は高く出ることが期待できる。

4 「学び合う」ことと学力の向上

学習活動において、異なる多様な他者との対話が重要であることはここまで何度も確認してきた。そのことが、多くの情報収集をもたらし、他者への発信による知の精緻化を促し、他者との間に知の創造を実現する。その意味において、ダイバーシティーといわれる多様性は、単なる社会的な価値だけではなく、豊かな知的活動、知的創造活動においても極めて重要であることが分かる。

こうした学びについては、先に記したＯＥＣＤにおいても高い関心があり、実際にＰＩＳＡ２０１５では協同問題解決能力調査を、コンピュータによるテストとして実施している。この調査は、グループによる問題解決の能力を測定しようとした試みである。この調査の結果については、日本の子供は世界二位という好結果となっており、**日本の子供が他者との協働的な学びを得意としていることが明らかとなった**。そして、その成果は、課題を探究する総合的な学習の時間の取組の成果ではないかと分析されている。

しかしながら、その質問紙の結果の中では、「異なる意見について考えるのは楽しい」に賛成の生徒の割合は低く、協働的ではあるものの、異質性や多様性を十分に担保した学習活動が行われていないことも暗示されている。**異なることによるメリットや多様であることで成果が上がった経験を積むこと**も、これからの学び合う学習活動には欠かせない視点となるのではないだろうか。

一方、全国学力・学習状況調査の質問紙と通過率との相関においては、次のような成果も出ており、対話などを通して学び合うこと自体を目指すことの価値と同時に、学び合うことが期待する学力に大きく影響することも明らかになっている（資料12・13）。

○「学級やグループでの話し合いなどの活動で、自分の考えを深めたり、広げたりすることができているか」について、肯定的回答の方が平均正答率が高い状況であった

（『平成二七年度　全国学力・学習状況調査の結果（概要）』より）

○授業において、児童生徒自ら学級やグループで課題を設定し、その解決に向けて話し合い、まとめ、表現するなどの学習活動の取組を行っている学校の方が、平均正答率が高い傾向にある

（『平成二八年度　全国学力・学習状況調査の結果（概要）』より）

◆「学級やグループでの話し合いなどの活動で、自分の考えを深めたり、広げたりすることができているか」について、肯定的回答の方が平均正答率が高い状況であった

【学校質問項目】
調査対象学年の児童生徒は、学級やグループでの話合いなどの活動で、自分の考えを深めたり、広げたりすることができていると思いますか

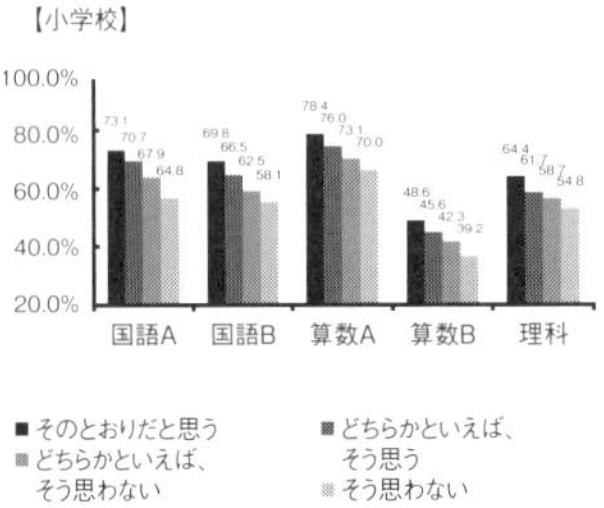

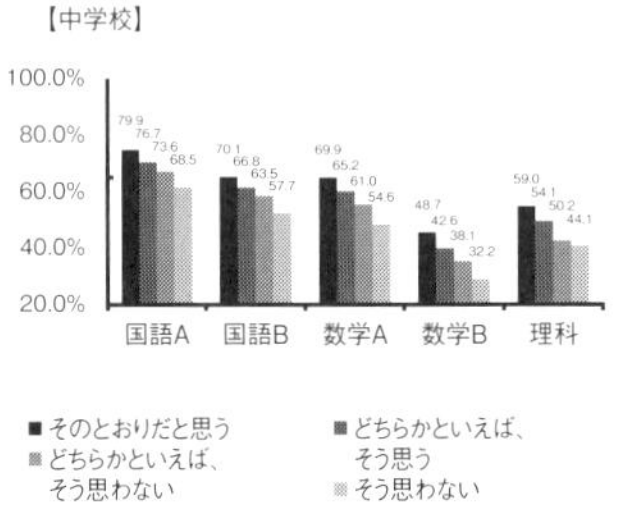

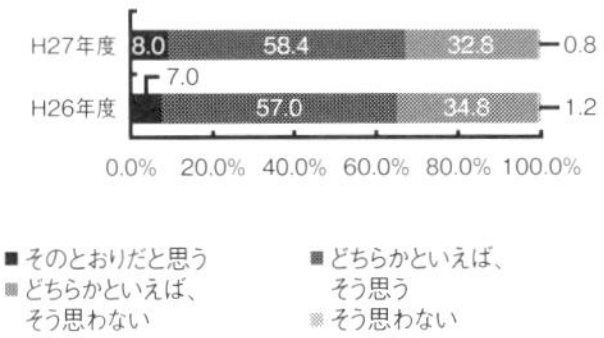

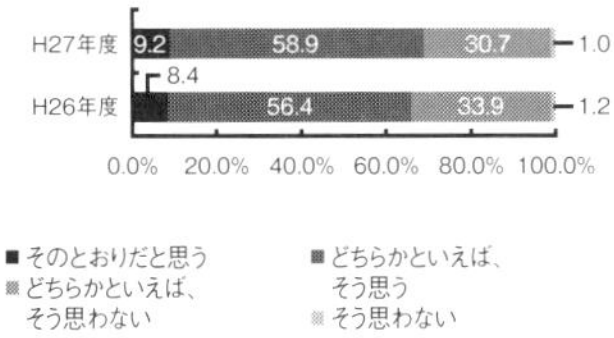

※選択肢毎の平均正答率は、選択肢の回答数が 100 校未満のものについては、一つ前の選択肢の回答とまとめて算出

資料 12 「学び合い」と学力の関係
（「平成 27 年度全国学力・学習状況調査の結果（概要）」より）

◆授業において、児童生徒自ら学級やグループで課題を設定し、その解決に向けて話し合い、まとめ、表現するなどの学習活動の取組を行っている学校の方が、平均正答率が高い傾向にある

【学校質問項目】
前年度までに、授業において、児童生徒自ら学級やグループで課題を設定し、その解決に向けて話し合い、まとめ、表現するなどの学習活動を取り入れましたか

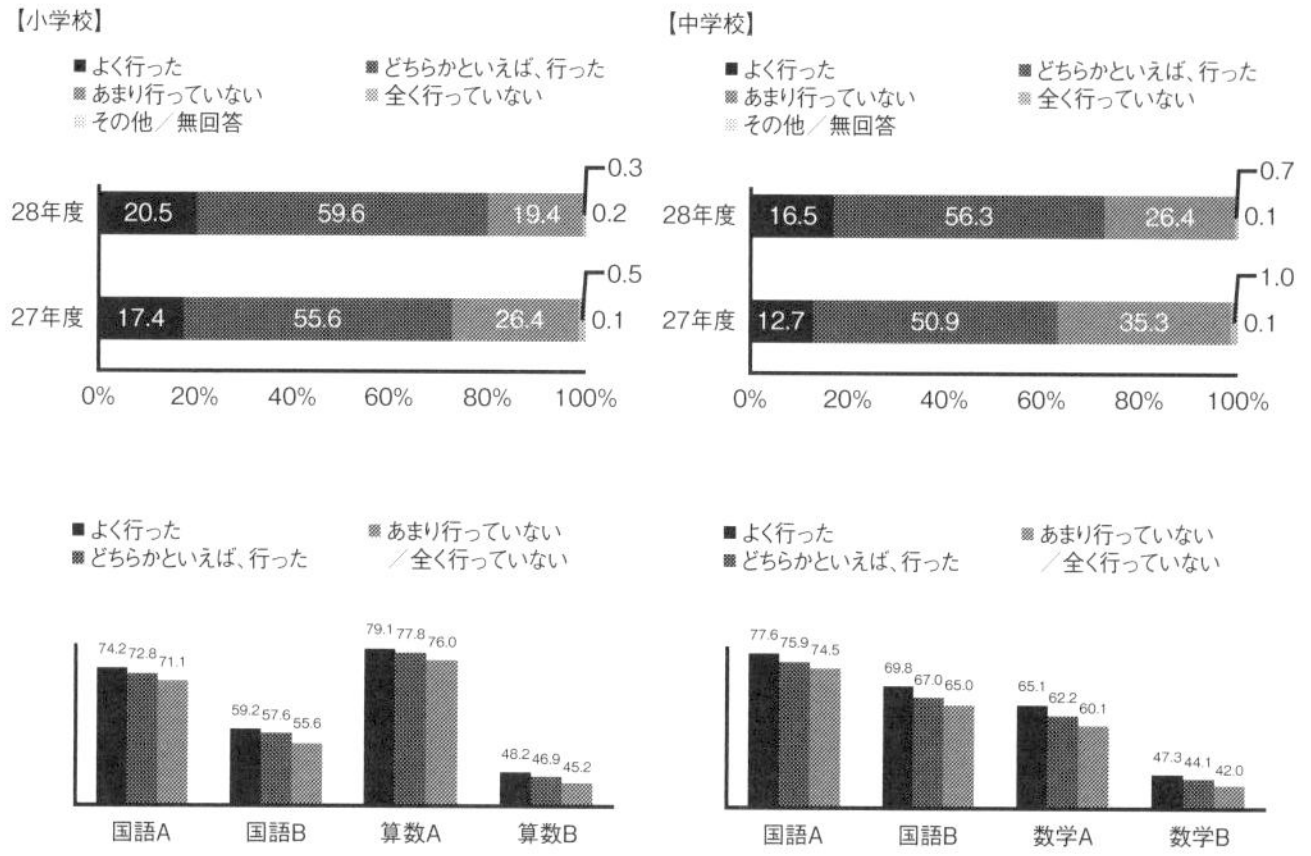

※「全く行っていない」と回答した学校が 100 校未満のため、「あまり行っていない」と合算

資料 13　主体的・対話的で深い学びの視点による学習指導の改善
(「平成 28 年度全国学力・学習状況調査の結果（概要)」より)

確かな「振り返り」の実施

1 「振り返り」の重要性

「深い学び」の実現にはプロセスが重要であること。そのプロセスを再検討し、質を高める「学び合い」について考えてきた。ここでは、プロセスの充実に向けた「振り返り」について考えていく。

多くの場合、「振り返り」は学習活動の後に行い、主たる活動やそこでの学びについて時間をさかのぼって見つめ直すことを表す。このことを内省とか、省察などということもある。これまで多くの学校の授業では、この「振り返り」が丁寧に行われない傾向にあった。授業実践者の多くが、導入に重点を置く傾向があり、初発の発問に時間をかけ過ぎたり、導入の課題提示で力を入れ過ぎたりして、子供の関心を高めようと意識し過ぎるあまりに時間がかかってしまっていた。結果的に、授業の最後が「時間切れ」などと中途半端な終わり方になってしまうことがあった。導入はもちろん大事ではある。興味をもち、意欲を高めて学習活動に立ち向かうことは好ましい授業の大切な要件の一つと言えよう。しかし、そのことと同じか、あるいはそれ以上に、**終末を中心とした「振り返り」に力を入れるべき**ではないだろうか。

一人一人の子供は一時間の授業で力を付け、多くを学ぶ。私たち授業者は、そうした一時間での子供の成長や確かな力の伸びを、しっかりと刈り取って学習者である一人一人の子供にもち帰らせることをしなければならない。そのためにも、これまで以上に**授業の終末に意識を向け、丁寧な授業の「振り返り」を行う必要がある**。

「振り返り」には、本書の Prologue で示したように、大きく三つの機能が考えられる。**①学習内容を確認する振り返り、②学習内容を現在や過去の学習内容と関係付けたり、一般化したりする振り返り、③学習内容を自らとつなげ自己変容を自覚する振り返り**である。最近は、一つ目の事実の確認を「まとめ」などとして授業の学習過程に位置付け、知識や技能の確かな定着に向けて実施しているところも多い。

この終末の「振り返り」がまとめとしての事実の確認のみならず、学んできた知識と知識を関連付けたり、既習の知識と結び付けたり、知識を新たな場面や異なる状況とつなげて活用することについては、第二章で「深い学び」にアプローチする子供の具体的な姿として紹介してきた。そして、そのことが「駆動する知識」を生成する「深い学び」の実現と関係があることも、具体的な子供の姿として確認してきた。

先に示した①と②に加えて、「振り返り」には、③の自己変容を自覚する機能があり、このことも「深い学び」と大きく関係してくる。ここからは、自己変容への気付きに焦点を当てて、「振り返り」について整理していくこととする。

2　終末に「振り返り」を行う子供の姿

低学年の子供が学校で飼育活動を行った。飼育活動を通して、次のように文章表現する子供の姿があった。

「わたしは、メダカ、ヤゴ、ザリガニ、カタツムリなどをかって、いろいろひみつがわかりました。そして、すごいと思ったことがいっぱいあります。だから、もっともーっとひみつしらべをしたいです」

「ぼくは、ダンゴムシのことが、だいすきになって、また、おうちのまえでつかまえたく

らいです。すきなえさは、きゅうりだとわかりました。カブトムシは、先生から二ひきもらって、一ぴきしんで、また、一ぴきもらいました。せい虫になると、みじかいきかんだけどかっこいいから、まえからかいたいと思っていました。カブトムシのことは、三年生の夏に、ろん文をかくよていです」

一般的に、低学年の子供は、身の回りの草花や木々、動物や虫などの生き物に強い関心をもつ傾向がある。多くの子供が、メダカやカブトムシを飼ってみたいと思うのではないだろうか。しかし、もう一度飼ってみたいと思ったり、別の生き物を育ててみたいと思ったりするかどうかは分からない。「もう飼いたくない」「面倒くさくてやりたくない」となる場合が全くないとは言えない。

先に示した二人の子供は、「いろいろひみつがわかりました。そして、すごいと思ったことがいっぱいあります。

だから、もっともーっとひみつしらべをしたいです」「カブトムシのことは、三年生の夏に、ろん文をかくよていです」と知的好奇心と飼育への期待を膨らませている。では、どうしてこのような姿が生まれたのだろうか。

それは学習活動の導入において、事象への好奇心や、自分のことは自分でしたいという自立欲求や、他者のためになることをしたいとする向社会的欲求などによってモチベーションを高め、学習活動に取り組むなどの工夫があったものと考えられる。また、展開では、体験活動を行ったり、自分自身や自分の暮らしと関係のある学習活動を行うなどの工夫もあったと考えられる。

しかし、そうした取組以上に、終末に、どのような学習活動を行うかが重要である。体験活動などを通して、自ら探究したり、自発的に取り組んだりした学習活動を終えると、子供はどのような姿を見せるだろうか。きっと次のような言葉が聞こえてくるのではないだろうか。「おもしろかったなあ」「楽しかったね」、「自分一人でできたぞ」「けっこう頑張れたかな」「この前よりうまくいったよ」、「こうするとうまくいくんだな」「なるほど、そうだったんだ」などと予想することができる。これらの言葉はみな、これまでとは違う自分に出会った時に発せられるものであろう。

野菜の世話をしながら、野菜に関する様々な情報が、子供の身体の諸感覚を通して入手される。その情報が**比較・分類・関連付けなどの思考を通して処理され、結果的に感覚や感情、気付きや発見、知識とのつながりを生み、次の活動につながる**。先に示した飼育活動の子供の姿も、こうしたプロセスを通して次への意欲が高まっているものと言えよう。やはり、学習活動の終末における「振り返り」を大切にすることが欠かせない。

3　学習活動の終末のポイント

学習活動の終末において、余韻を残し、次の学習活動へとつなぐ「振り返り」をしていくことが大切になる。先に示した子供の姿からも分かるように、学習活動の終末で、子供にどのような感覚や感情が生まれるかがポイントと言えよう。具体的には、次のような余韻が感じられる終末を意識したい。

◎ 充実感

学習活動が終わった時に、言葉にはできなくても**「すがすがしい」「気持ちよかったな」といった気分や感覚になれる学習活動の終末を用意したい**。学習活動を行ったことによる充実感を味わうことが、次の学習活動への意欲に結び付く。このことは、およそ次に示す三つを下支えするものとなろう。

○ 達成感

学習活動の終末で、「なるほど」と気付きが生まれ納得し、「こうしてみよう」と見通しをもつことが次の学習活動につながる。例えば、理科の学習活動で、ゴムをたくさん使うと遠くに飛ばせそうだと気付くことで、今度はゴムの数を増やしてみようと子供は考える。

また、**終末で、「できた」「できそうだ」を実感することも大切**になる。例えば、体育科のマット運動で前転ができたことが、次の後転につながる。また、もう少しで前転ができそうだと実感することが、さらなる前転の練習につながる。しかも、できたコツやできるようになった練習方法などに気付き、それを自覚することが、次の練習を意図的で積極的なものに変えていく。このように、「分かる」「できる」などの達成感を感じられる終末が、次の学習活動への見通しを生み出す。

○ 自己有能感

学習活動の終末に向けて、自分自身の成長を実感できるようにすることも大切である。自分自身に対する有能感を感じ、学習活動に対する自らの姿を肯定的に捉えることができることは、次の学習活動への意欲を喚起する。自己信頼をもとに「やれそうだ」「また頑張ろう」と思える終末が、次の学習活動へと子供を突き動かす。

○ 一体感

学習活動を通して、「一緒でよかった」「みんなで学習すると楽しい」と感じ、協働的に学ぶことの価値を実感できることも大切である。学習活動は、個人で行うよりも集団の中において行うことが多い。そうした中で自分の考えを確かにしたり、互いの考えを交流し発展させたりすることが期待されている。学習集団において、**協働的に学び合うことのよさや楽しさを実感する終末**が、次の学習活動への前向きな取組を実現する。

学習活動をどのように終えるかによって、次の学習活動への意欲は大きく変わる。そのためにも、終末の場面で、子供が充実感、達成感、自己有能感、一体感などを感じ取るまとめ方をすることが大切になる。充実した学習活動を通して、学習の成果や自らの成長に手応えを感じ、他者と共に学ぶ価値を実感する学習の終わり方に配慮することが、次回へとなめらかにつなぐ余韻を残したまとめ方を実現することになろう。

このことが、知識をポジティブな感情としての手応えとつなぐことであり、そうした「深い学び」が安定的で、持続的な学びに向かう知識の状態を生み出すものと考える。

もちろん、こうした学習活動を具現するためには、その背景として、安心して過ごせ、自分の居場所のある学習集団の存在が欠かせない。子供同士、子供と教師の間に、信頼の絆が結ばれていることが基盤となることも忘れてはいけない。

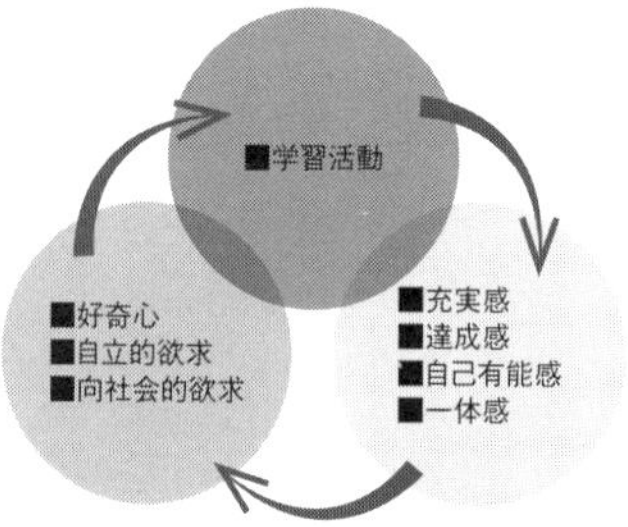

資料14　学びに向かう力を育て、自信を生み出すサイクル

一人一人の子供が、意欲的に物事に取り組む姿を私たち大人は期待している。それは、学校生活における学習活動だけではなく、日常生活における様々な場面においても同様である。自ら身の回りの様々な事象に働きかける意欲的な子供の姿こそ、ある意味目指すべき理想的な姿とも言えよう。

4　文章を書いて振り返ること

先に示した「学び合い」では、主に音声言語を使う。子供は、自らの言葉を発しながら、他者に説明したり他者の意見を聞いたりして、交流し「深い学び」に向かっていく。

一方、「振り返り」では、比較的文字言語を使うことが多い。それは、文字言語を使うことで、**自らの学びを丁寧に見つめ直し、そこでの様々な情報としての知識を関連付け、自分の既存の知識の構造に新たな知識を組み込んでい**

くからである。そこには、子供の真剣に熟考する姿が必ずある。したがって、授業においては、熟考する子供の姿を生み出すことが重要であり、そのことが、「深い学び」に結び付くものと考えることができる。

しかし、子供に「熟考しなさい」と言っても実現できるわけではない。対話し、自問自答してほしいと願っても、全ての子供に実現することは難しい。ここに「書く」ことの価値がある。つまり、**「書く」ことによって、深く考える熟考が生まれ、その結果「深い学び」が実現する**。だとすれば、「どのように書くか」「どのように書く状況を整えるか」が問題となる。

ここで、改めて書くことの価値を整理してみよう。

例えば、総合的な学習の時間では、豊かな体験活動を行う。しかし、ただ単に体験をしているだけでは、子供たちにとって価値ある学びにはなり得ない。「活動しっ放し」「やりっ放し」「やらせっ放し」という事態に陥る。「体験したら書く」「活動したら書く」ことで学びの質を上げることができる。

活動後に文章を書くことで、子供は自分の活動を振り返る。そして、そこで感じたことを改めて認識する。例えば、牛を飼うことになった子供たちが、初めて牛に出会う。その場面では、牛の瞳の愛らしさ、意外と細い脚、肌の温もりなどを感じる。しかし、そうした感覚

は時間とともに忘れ去られてしまう。そこで、出会いの直後に作文を書く時間を確保する。そうすることで、自分の発見や感覚を確かに認識していくことになる。また、文章に記述することは、そこでの思考を促す。肌の温もりから、生きていることや生命という概念を実感的に捉えたり、大きなイメージのある牛と細い脚の子牛の比較から、成長への思いを巡らせたりする。実際の子供の文章を見てみよう。

子牛がやってきた。トラックの荷台に乗って。二頭は寄りそうようにしてトラックのすみに立っていた。やっぱり不安なのだろうか。
私は、足が細いのにおどろいた。牛っていえば、大きなイメージがある。牧場で見た牛は、とても大きかった。こんな子牛が、どうやってあんなに成長するのだろうか。どのくらい食べるのか、ちょっと

想像がつかない。私たちに世話できるのか、ちょっぴり不安にもなった。（中略）
だけど、二頭はとってもかわいかった。目はくりくりとしていて、私を見ているようだった。ちょっとさわってみたら、あったかくてふわふわしていた。二つの命を預かることになったんだという、責任を感じた。私たちにできるのだろうか。期待と不安の出会いだった。

こうした文章を書くことができるのも、活動の直後だからであろう。体中に、出会いの感覚が残っているうちに、それを文章に書き表す価値が文章から読み取ることができる。
子供同士の話合い活動の後に文章を書くことも、**話合いという体験を一人一人が確かな認識に変えていくこと**につながる。ボランティアについて話し合った後の子供の作文である。

ぼくは、二人の考えを聞いて、そうだなって思いました。でも、ぼくの考えとは全然違うことに気付きました。みんなは、障害のある人や外国の人などに分けて考えていました。ぼくは、人は人でみんな一緒なのだから、人間全員は同じように考えたいと思ったのです。人は世界中にいっぱいいます。それぞれに違うのは、当たり前です。（後略）

話合い活動では、全ての子供が発言するわけではない。だからといって、発言しなかった子供が何も考えていなかったわけでもない。友達の意見を聞きながら、じっくりと考えていることは多い。

また、書くことによって、**それまでの複数の体験をつないで思考していく場面**が生まれる。子供は、それまでの体験の積み重ねをつなげていく。

たくさんの人との出会いを通して学んできた子供の文章である。

> 活動をしながら気が付いたのです。川も山も自然なのですから、この前来てくださったウッドワークの◯◯さんと青田川を愛する会の◯◯さんとは同じ自然を愛する人だと。それに国語の教科書に載っている「海のいのち」の作者だってそうです。海が好きで、自然が好きだから海をテーマにしているのではないでしょうか。（中略）
>
> 私は、人間は何か似ているところがあると書いてきましたが、その何かの例を挙げるとすれば、この三人のように自然を愛する心だと思ったのです。

子供は、文章を書く中で、自分の力で考え、自分の考えを生み出し、創り上げていく。**知識をつなぎ合わせて、自らの知識の構造を豊かでしっかりとしたものへと変えていく**。人に頼るのではなく、自分自身の力で、自分自身の考えを確立させていく。そのことが、文章を書くことの価値であり、「深い学び」に向かうことなのだと思う。

プロセスを再検討し、豊かな「学び合い」と確かな「振り返り」について考えてきた。**音声言語を使った「学び合い」と文字言語を使った「振り返り」**の価値やそのポイントを明らかにしてきた。平たく言えば、「**音で広げて、文字で刻む**」イメージの授業を行うことが大切になる。発話量を確保し、一定の長文を記すことを心がけたい。そんな姿を子供にイメージしてほしい時、次のように説明してはどうだろうか。

「頭から湯気が出るほど本気で話し合おう」

「鉛筆の先から煙が出る速さで書こう」と。

もちろん、そんな子供の姿が授業で見られたら、「すごいなあ」「さすがだなあ」と語ることは当然なのだが。

第4章

「深い学び」を支えるチーム力

これまで、「深い学び」の中身やその要因について考えてきた。子供の中で知識がどのように「駆動」しているか、より丁寧に見取ることができるよう、私たち教師には一層の「熟達化」が求められる。また同時に、今期改訂の議論において注目された一つに「チームとしての学校」という言葉があるように、適切な組織体制のもと、社会で一丸となって子供を育てていくという視点も欠かせない。最後は、これまで述べてきた「深い学び」の基盤となる教師たちのチーム力について考えていくこととしたい。

✓5つの教師力
（捉える・解釈する・照合する・判断する・振る舞う）

✓授業研究の質的転換

✓子供を見取り、授業を描く

仲間と知恵をもち寄り、プロになる。

「深い学び」のために必要な教師力

「深い学び」のためには、「主体的な学び」「対話的な学び」が必要で、それぞれはつながり合い、一体となって大きな成果を上げる。育成を目指す資質・能力は、「主体的・対話的で深い学び」の実現によって、確かに育成される。

そのためには、学びのプロセスが重要であり、プロセスの質を高めるためにも「学び合い」や「振り返り」を位置付けた授業のデザインが必要とされている。そして、そこでは、一人一人の子供が、自ら、共に学ぶ授業の実現が欠かせない。

私が、若き教師の頃、そうした子供が真剣に学びに向かい、本気になって議論を交わす授業をしたいと願っていた。教師からの指示がなくとも、子供自身が自分から行動し、子供から話合いが始まり、子供が動き出す授業をしたいと夢見ていた。そんな若い時代に、憧れのベテランの先輩教師に質問したことがあった。

「何をすればいいのですか。私には何が足りないのですか」と。

すると、

「もっと、子供の声をよく聞きなさい」

と、教えられた。早速実践してみたが、なかなか思うようにはいかなかった。最近ようやく分かってきた。どうもよく聞くだけではだめなのではないか。

「主体的・対話的で深い学び」を実現するには、次の五つが必要なのではないだろうか。

> ① 子供の姿や発言を丁寧に見る、聞く（**捉える**）
> ② 子供の思いや考えを理解する（**解釈する**）
> ③ 本時のねらいとの関係を考える（**照合する**）
> ④ どのように振る舞うかを決める（**判断する**）
> ⑤ 分かりやすく板書したり、端的に発問したりする（**振る舞う**）

もちろん、子供の姿をよく見ること、子供の声をよく聞くことはとても重要である。しかし、それだけではない。その行動や言葉の意味を解釈しなければならない。**一人一人の子供には、それぞれの生活があり、暮らしがある。一人一人には個性があり、特徴がある。**子供の発言の背景を理解し、その言葉の意味を深く考えなければならない。表面だけを捉えていては十分とは言えない。

次にすべきは、その姿を**本時のねらいと照らし合わせること**である。その日の授業が目指すねらいに対して、目の前の子供の姿はどのような状況なのか、照らし合わせたら、即座に判断しなければならない。「その姿をそのまま生かしていこう」「その姿を好ましい方向に伸ばしていこう」「少し修正が必要かもしれない。対応しよう」などと判断し、何らかの形で振る舞い指導する。それは、子供への指示かもしれない、子供への言葉かけかもしれない、黒板への板書かもしれない、じっと見守ることかもしれない。様々な方法で、教師としての具体的な振る舞いに変換していくことになる。

教師力を支える大切なポイントとして、少なくともこうした五つがあるのではないだろうか。ただ単に「よく見るだけ」「よく聞くだけ」の教師より、先の五つを意識している教師の方が、明らかに教師としての腕が上がり、教師力が向上するはずである。最初は失敗ばかりかもしれない。しかし、何度も何度も繰り返し五つを意識して授業を行う中で、確実に教師力は向上し、本物に近付いていく。それが**教師力の熟達化**と呼ばれるものである。徐々にプロになり、達人になり、名人へと近付いていくことができるはずである。

多くの教師は、一年間に一〇〇〇回近くの授業を実施することが可能だ。その一つ一つを丁寧に、子供の目線で、しかも、意図的に行うことで、明らかに教師としての指導力は向上していく。

こうした教師力はきっと、昔も今も大切にされるべきものである。しかしながら、「主体的・対話的で深い学び」の実現を目指す今期改訂においては、今まで以上に重要になることは間違いない。

私たちは、改めて、これまで大切にしてきた教師としての力量を確認し、そうした力量を形成していかなければならない。そのためにも、**学校や学年のチーム力が大切になる**。「深い学び」に向けて、様々に配慮したり、多様な工夫をしてみたり、創造性を発揮したりする際には、職場の同僚との協働を大切にしたい。**一人では難しいことも、チームで取り組むことで容易に実現できることも多い**。教師力の向上に向けた校内の研修、とりわけ授業研究に、校内が一体となって向き合うことが求められているのである。

「授業研究」の質的転換

1 「授業研究」の価値

「授業研究」は、教師が授業を公開し、授業後に検討会を行い公開された授業について話し合う明治以来続く日本の教育文化で、担当する教師は何週間もかけて授業の指導案を作る。時には、全校を巻き込んで、多くの教師で議論しながら指導案を練り上げる。実際の授業においては、暮らしの中の日常的な素材を使ったり、子供が主体的に参加できるような学習活動を用意したりして工夫する。それは、子供の自発性を発揮できるようにし、子供の自由な考えを引き出し、子供がよりよく理解を深めることができるようにする工夫であり、そうした工夫が公開する授業には様々に盛り込まれる。

「授業研究」は、授業の質の高さを支えるものとして、海外からも「レッスン・スタディ」

と呼ばれ、高く評価されている。「授業研究」は、簡単に言うと三つのパートでできている。

一つは、授業をつくる前段階。単元の中でその一時間の授業を展開するために、何をどのように学ぶのか、教材研究なども含めて授業者が細かいところまで検討し、指導案を作成し、参観者で共有して当日の授業を設計する。

次は、実際に授業を参観者に公開する段階。

最後は、その授業の後、授業で起きた様々な事柄を検討・協議して、何らかの知見を得、次の授業実践につなげていく段階がある。

この営みの「価値」を整理してみると、次のことが考えられる。一つは、開かれたメンバーと場によって授業をつくり、みんなで参観し、議論する中で、**授業が共有の財産となること**にある。二つには、**授業とは個性をもつ個々の教師と、その学級の子供によって生み出されるライブ**である。このライブが安定的に再現できることを目指そうとすることにある。授業をその場限りの個人的な営みとして終わらせず、学校全体のものとするとともに、常に**質を高め続けていこうとする営みを保障する**ものでもある。

2 「授業研究」の課題

他方で現在の「授業研究」における課題は何か。先ほどの三つの段階で考えると、まず授業前の準備段階では、指導案作成が主な作業となる。ややもすると、莫大なエネルギーを費やして分厚い指導案を作成することになりがちである。指導案作成に全てのエネルギーを費やすことになり、当日の授業では疲れ果てている、という状況も見られた。

もちろん十分な教材研究をして丁寧に指導案を準備することは大事である。しかしながら、年間で一〇〇〇回も授業をするチャンスを考えれば、その一つ一つにかけるエネルギーを大切にし、分散させることを考える必要がある。指導案を作り込み過ぎてしまうと、「指導案に何が書かれているのか」といった、指導案の出来映えが議論になってしまうこともある。本来、**「授業研究」では授業の質こそが問われなければならない**。指導案を簡素化し、もっと授業の質に注目してもよいかもしれない。

次に、実際に授業をする段階では、**普段どおりの授業をして率直に議論し合えるような、開かれた空間となればよい**のだが、場合によっては「他者に評価される」空間となってしまうこともある。そうなると、授業者は人目を気にして、普段どおりでないイベント的な授業を行うことになってしまうこともある。

「授業研究」が年に一度、数年に一度しかない学校でそのような**イベント的な授業を行っていては、授業者も参観者も学べない**。普段どおりの授業を行い、そこから学び合うスタイルの方が、授業者・参観者共に日常の自分の授業実践につなげていくことができる。

最後の授業後の段階では、これまでどうしても、授業者の立ち振る舞い、例えば「あの場面のあの発問はどうなのか」といったことに目くじらを立て、重箱の隅をつつくような議論となることがあった。授業の一つ一つの要素を丁寧に見ていくことが悪いわけではない。しかし、それはついつい授業者批判になりがちだった。そうではなく、**その授業者の強みやよさ・個性が評価される方が、授業者にとってもプラスになる**。公開された授業をもとにみんなで学び合う場が用意され、最後には参加者全員が豊かな学びを得て、「よし、また頑張っていこう」と前向きな姿勢になることこそが大切にされるべきであろう。

3　授業協議会の意識転換

「2　授業研究の課題」で示したように、公開された授業の後に、授業について語り合う協議会が行われる。この協議会では、多くの場合、授業者の発問、指示、板書、教材研究や教材提示、学習環境の構成や一時間の学習過程、単元計画などの単元構成や年間指導計画などが幅広く話題となる。そして、授業者への質問や意見などを中心として展開されていく。

「どのような意図で、あの発問をしたのですか？」
「どうしてあのような資料の提示の仕方をしたのですか？」
「なぜ、あの子を最初の発言者として指名したのですか？」

「授業研究」は、授業者に対する指摘を中心に展開されることが多い。一方で、

「とても素晴らしい授業でした」
「子供が生き生きとしていて勉強になりました」

などと、当たり障りのない意見で終始してしまうことも多い。

最初に示した質問の例は、やや挑戦的で、授業者に対して批判的な授業と協議会への参加姿勢があるような気がする。この場合、参観者の意識は高く、授業から多くを学び取ろうとしている。また、協議会でも積極的な発言が行われ、活気ある協議会になることもある。し

かし一方で、授業者に対する否定的な発言が重なり、せっかくの公開授業者を針のむしろのような状況に陥らせてしまうこともないわけではない。その上、協議会では、一部の人間のみが発言を独占してしまい、その他の参加者に十分な満足感が得られないことも考えられる。後者の例は言うまでもないが、前者の例においても「授業研究」を改善していく必要があるのではないか。重要な視点は、意識の転換にある。

「授業研究」は授業者の腕の善し悪しを判断し、授業者の力量を品定めする場ではない。むしろ「授業研究」は、授業者よりも参観者の姿勢と実力こそが試される場とすべきではないか。授業者をリスペクトした上で、授業者と共に新しい授業を創造していく場としての「授業研究」を実現していきたい。授業の参観を通して、参観者それぞれの明日の授業づくり、ひいては学校づくりに反映する豊かな学びの場を生成することに力点を置かなければならない。

4　固有名詞で語る

授業後の協議会での発言はどのようになっているか。一般的な意見を、抽象的な言葉を使って話し合ってはいないだろうか。私たちは、実際の授業を目にし、子供の姿を見て協議の

場に臨むわけである。協議会では、参観した授業の**具体的な事実と子供の名前を用いて語ること**が欠かせない。

「○○さんが、△△の場面で、□□と発言しました」と。

そのためには、授業の参観において、一人一人の子供の姿を丁寧に記録していくことが求められる。全身を研ぎ澄まして、子供の発言、子供の行為からの情報収集に努めなければならない。そのためにも、とにかく書き留めることが欠かせない。デジタルカメラやデジタルビデオ、ICレコーダーなどももちろん有効なツールではある。しかし、補助的なツールであり、授業の事実は、文字言語で記録し、書き留めることによってこそ明らかになる。

「深い学び」が実現され、「駆動する知識」の状態に近付いているかどうかは、具体的な子供の姿を明らかにする以外に王道はない。今まで以上に、授業における子供の姿を克明に、丁寧に記録していくことが求められる。

さらに加えて言えば、その事実が生じた原因を探りたい。子供の学習活動がスムースに展開したとしても、混乱して道に迷うような授業になったとしても、そうした状況が生じた原因があるはずである。授業の記録を書き留めながら、**どこに原因があったのかを推測していく**のである。「授業研究」の質を高めるには、参観者の姿勢こそが問われるべきである。本書の第二章では、これらのことを意識して子供の姿を明らかにできるよう努力した。記録や分析に迷った際には、一つの参考にしていただければありがたい。

5　代案を提案する

授業後の協議会で批判ばかりを繰り返す参観者がいる。実際の授業の在り方に対して賛否を表明することも必要ではある。目の前の授業の細部にわたって丁寧な参観をしてきた結果の発言であろう。だとすればなおのこと、**気になった場面についての代案を示すこと**が大切になる。授業中に見られた課題や生じた問題状況を、どのように改善すべきかを具体的なアイディアとして語り、意見交換していかなければならない。

「**○○が気になりました。その原因は△△にあると思います。私なら□□してはどうかと**

考えます」と。

こうした発言をしていくためには、授業を参観しながら、問題状況の原因とその改善策を考え続けなければならない。授業後の協議会は、互いのアイディアを披瀝《ひれき》し合い、よりよい授業へのヒントをたくさん手に入れることにつながる。ここで代案を示せる教師こそが実力のある教師と言える。**「授業研究」の質を高めるには、参観者の実力こそが問われるべき**である。

6　協議の場をデザインする

4・5に示したように公開授業の参観はのんびりしているような場ではない。常に諸感覚を鋭敏に働かせ、全力で記録し続ける。頭はフル回転し、自分ならではのアイディアを探し求めていかなければならない。息つく暇のない教師にとっての学びの場とも言える。こうした授業の参観を繰り返していくと確実に授業を見る目が育つ。着実に多くの事実が見えてくる。子供の行為の背景が分かってくる。原因や改善策も考えることができるようになる。

大切なことは、授業を参観している際に収集した情報や真剣に考えたアイディアを、その後の協議会で自由に立場を超えて意見交換できるかにある。先に示したように、同じ授業を参観していても、参観者の実力には差があるかもしれない。しかし、そうした異なる視点からの授業分析を生かしてこそ、より豊かな知が生成される。そのためにも、**少人数のグループで話し合う場面**などを用意することが考えられる。構成員も**年齢や性別、担当学年など多様に組み合わせ、幅広い情報が集まる集団**となるようにしたい。その上で、ホワイトボードで意見集約をしたり、思考ツールで情報の整理・分析をしたりして新たな知を創造したい。

特に、若き教師は、積極的に発言することを心がけるべきである。経験豊かな教師は、じっくりと耳を傾け豊かな発想に目を向けるべきである。経験年数や専門教科、得意な分野が違っていても、そうした互いの違いを広く受け止めて、子供の学びを中心に議論を展開すべきである。むしろ、参観者の違いとそれを生かした交流が豊かな学びの場を創出し、チームとしての一体感を生み出す。また、そうした協議の場を、日常の実践を交流する機運につなげたい。授業研究会を日常の継続的な実践と結び付け、チームとしての協働による学校づくりに生かしたいものである。

「授業研究」の質を高めるには、参観者同士の豊かな関係性を生み出すための学びの場のデザインが問われる。

7 「授業研究」が学校を創る

「授業研究」こそが学校を生き生きとした場所へと変え、一人一人の子供の学力を確かなものへと高めていく。一年間に一〇〇〇回も行われる各学年の授業の質が高まれば、子供は豊かに成長し、学校は活力に溢れる。

そのためにも「授業研究」に対する意識の転換を図る必要がある。質の高い「授業研究」を実現していくには、授業参観者の本気で真剣な姿こそが求められる。したがって、**公開授業の場面では、参観者の姿勢にこそ注目したい**。また、授業後の協議会では参観者の発言内容に着目したい。どのようにして授業を参観しているか、授業の様子を丁寧に記録しているか、一人一人の子供の名前を例に挙げながら事実を示しているか、どのような授業へと改善を図るべきかを代案として示しているか、などである。

そのように意識の転換を図れば、自ずと協議会は参観者中心の豊かな学びの場として構成され、結果的に期待する授業力が多くの参観者に育成される。

授業力こそが最大の教師力である。「主体的・対話的で深い学び」の実現に向けた授業改善のために、自ら学び共に学ぶ授業を具現できる教師が求められている。新しい時代の新しい教育を担う、新しい発想の教師が求められている。そうした教師こそが、新しい学校を創造するのであろう。

今、「授業研究」にも質的転換が求められている。

子供を見取り、授業を描く

1　「見取る力」を磨く

本書では、学習指導要領改訂の最大のキーワード「主体的・対話的で深い学び」の中でも、とりわけ重要な「深い学び」にフォーカスして考えを整理してきた。今回の改訂は、「学習」ではなく、「学び」という子供を主語とした言葉を使って検討を重ねてきた。そのことは、学習の主体は子供であり、その子供を中心に考えることなくして、期待する資質・能力の育成はあり得ないと考えてきたからである。

もちろん教師の努力は重要で、授業を行う教師の頑張りは欠かせない。しかし、なんといっても学び手は子供である。その子供が全力で立ち向かう、真剣に議論し合う、頭を抱えて熟考する、そんな授業こそが大切で、そうした授業をイメージし、実現できる教師が求められている。

学習者としての**子供の「学び」が中心に据えられなければならない**。だとすれば、子供の「学び」の状況をいかに見取れるかが、最大のポイントとなる。子供の具体的な姿を教師が丁寧に見取り、その事実をもとに議論しないことには、「主体的・対話的で深い学び」の実現に向けた手立ても議論することはできない。とりわけ「深い学び」には、その傾向が強い。「深い学び」という言葉は、非常に使い勝手がよく、手軽に使われることが多い。だからこそ、**「深い学び」の子供の姿を、具体的に語ることが極めて重要になる**。どのような状態を「深い学び」と考えるのかが大切になる。そのことなくして、私たちの授業に前進はない。

一方、この「見取る力」は教師によってかなり差があることも事実である。同じ授業を見ていても、「こういう子供の学びがあった」と丁寧に語れる教師もいれば、残念ながら語れない教師もいる。この教師の「見取る力」を日々の授業で、あるいは「授業研究」で身に付けていかなければならない。

一人一人の子供に寄り沿いながら、子供のよさを語り合いたいものである。保護者や地域の方と子供について情報交換することも考えられる。幅広い視点から子供の学びについて意見交換することが、「見取る力」を確かにしていく。

幸い、私たちには、授業を磨く豊かな教育文化がある。互いに学び合う仲間がいる。そして、それを支える地域や社会もある。

2　授業を描く

私たちが求めている授業には、次のような子供の姿が見られるのではないか。

○　学びを楽しむ
○　積極的に主張する
○　互いの意見を傾聴する
○　独自性や斬新さを認める
○　意見や考えの差違に正対する
○　自らの考えを生成する
○　仲間の存在を大切にする
○　自己変容に気付く

子供が楽しむ授業。そこでは子供が主張し、傾聴する姿もある。互いを認めつつ、違いには正対する。そこに、自らの考えが生まれる。だからこそ、友達や仲間が大切になる。そんな自己変容に気付くことを、私たちは期待している。

子供の笑顔が輝く授業。はつらつと身体の動く授業。話合いが授業後も続く授業。そんな授業を思い描き、一つ一つ着実に、その実現に向けて取り組んでいきたい。

そうした教師の姿こそが、「アクティブ・ラーナー」であり、そこにはきっと「深い教師の学び」があるのではないだろうか。

【引用・参考文献】

○文部科学省及び国立教育政策研究所関連資料等　　＊公表順に示す

・文部科学省『小学校学習指導要領解説　総合的な学習の時間編』東洋館出版社、二〇〇八年八月
・文部科学省教育課程課／幼児教育課編『初等教育資料』東洋館出版社、二〇〇八年一〇月号
・国立教育政策研究所教育課程研究センター（研究代表：角屋重樹）『学校における持続可能な発展のための教育（ＥＳＤ）に関する研究〔最終報告書〕』二〇一二年三月（https://nier.repo.nii.ac.jp/index.php?active_action=repository_view_main_item_detail&page_id=13&block_id=21&item_id=459&item_no=1）
・中央教育審議会「新たな未来を築くための大学教育の質的転換に向けて〜生涯学び続け、主体的に考える力を育成する大学へ〜（答申）」二〇一二年八月二八日（http://www.mext.go.jp/b_menu/shingi/chukyo/chukyo0/toushin/1325047.htm）
・文部科学省・国立教育政策研究所「国際数学・理科教育動向調査（ＴＩＭＳＳ２０１１）のポイント』二〇一二年一二月（http://www.mext.go.jp/b_menu/houdou/24/12/__icsFiles/afieldfile/2012/12/12/1328789_01.pdf）
・文部科学省・国立教育政策研究所「ＯＥＣＤ生徒の学習到達度調査（ＰＩＳＡ２０１２）のポイント」二〇一三年一二月（http://www.nier.go.jp/kokusai/pisa/pdf/pisa2012_result_point.pdf）
・文部科学省・国立教育政策研究所「平成二六年度　全国学力・学習状況調査　報告書【質問紙調

査】」二〇一四年八月（http://www.nier.go.jp/14chousakekkahoukoku/report/question/）

・中央教育審議会「初等中等教育における教育課程の基準等の在り方について（諮問）」二〇一四年一一月二〇日　※本文中「諮問」と略記（http://www.mext.go.jp/b_menu/shingi/chukyo/chukyo0/toushin/1353440.htm）

・文部科学省教育課程課／幼児教育課編『初等教育資料』東洋館出版社、二〇一五年五月号

・文部科学省・国立教育政策研究所「平成二七年度　全国学力・学習状況調査　報告書【質問紙調査】」二〇一五年八月（http://www.nier.go.jp/15chousakekkahoukoku/report/question/）

・文部科学省・国立教育政策研究所「平成二七年度　全国学力・学習状況調査の結果（概要）」二〇一五年八月（http://www.nier.go.jp/15chousakekkahoukoku/summary.pdf）

・独立行政法人国立青少年教育振興機構「高校生の生活と意識に関する調査報告書―日本・米国・中国・韓国の比較―」二〇一五年八月（http://www.niye.go.jp/kenkyu_houkoku/contents/detail/i/98/）

・中央教育審議会初等中等教育分科会教育課程企画特別部会「教育課程企画特別部会　論点整理」二〇一五年八月二六日（http://www.mext.go.jp/b_menu/shingi/chukyo/chukyo3/053/sonota/1361117.htm）

・中央教育審議会初等中等教育分科会教育課程部会（第九八回）配付資料「資料三　今後の学習指導要領改訂スケジュール（現時点の進捗を元にしたイメージ）」二〇一六年八月二六日（http://www.mext.go.jp/b_menu/shingi/chukyo/chukyo3/004/siryo/__icsFiles/afieldfile/2016/08/29/1376580_3.pdf）

・文部科学省・国立教育政策研究所「平成二八年度全国学力・学習状況調査の結果（概要）」二〇一六年九月（http://www.nier.go.jp/16chousakekkahoukoku/16summary.pdf）

・文部科学省・国立教育政策研究所「ＯＥＣＤ生徒の学習到達度調査（ＰＩＳＡ２０１５）のポイント」二〇一六年一二月（http://www.nier.go.jp/kokusai/pisa/pdf/2015/01_point.pdf）

・中央教育審議会「幼稚園、小学校、中学校、高等学校及び特別支援学校の学習指導要領等の改善及び必要な方策等について（答申）」二〇一六年一二月二一日　※本文中「答申」と略記（http://www.mext.go.jp/b_menu/shingi/chukyo/chukyo0/toushin/1380731.htm）

・国立教育政策研究所『ＴＩＭＳＳ２０１５算数・数学教育／理科教育の国際比較—国際数学・理科教育動向調査の二〇一五年調査報告書—』明石書店、二〇一七年三月一三日

・文部科学省・国立教育政策研究所『平成二九年度全国学力・学習状況調査の結果（概要）』二〇一七年八月（http://www.nier.go.jp/17chousakekkahoukoku/17summary.pdf）

・文部科学省教育課程課／幼児教育課編『初等教育資料』東洋館出版社、二〇一七年一一月号

・国立教育政策研究所「ＯＥＣＤ生徒の学習到達度調査（ＰＩＳＡ２０１５）協同問題解決能力のポイント」二〇一七年一一月（http://www.nier.go.jp/kokusai/pisa/pdf/pisa2015cps_20171121_outline.pdf）

・文部科学省『小学校学習指導要領（平成二九年告示）』東洋館出版社、二〇一八年二月

・文部科学省『中学校学習指導要領（平成二九年告示）』東山書房、二〇一八年三月

・文部科学省『小学校学習指導要領（平成二九年告示）解説　総則編』東洋館出版社、二〇一八年二月
・文部科学省『中学校学習指導要領（平成二九年告示）解説　総則編』東山書房、二〇一八年三月
・文部科学省『小学校学習指導要領（平成二九年告示）解説　生活編』東洋館出版社、二〇一八年二月
・文部科学省『小学校学習指導要領（平成二九年告示）解説　総合的な学習の時間編』東洋館出版社、二〇一八年二月
・文部科学省『中学校学習指導要領（平成二九年告示）解説　総合的な学習の時間編』東山書房、二〇一八年三月

○その他

＊五十音順に示す

・シーナ・アイエンガー著、櫻井祐子訳『選択の科学―コロンビア大学ビジネススクール特別講義―』文藝春秋、二〇一〇年
・秋田喜代美『学びの心理学―授業をデザインする―』左右社、二〇一二年
・ロバート・アクセルロッド、マイケル・D・コーエン著、高木晴夫監訳、寺野隆雄訳『複雑系組織論―多様性・相互作用・淘汰のメカニズム―』ダイヤモンド社、二〇〇三年
・池谷裕二『単純な脳、複雑な「私」―または、自分を使い回しながら進化した脳をめぐる四つの

講義―』朝日出版社、二〇〇九年
・池谷裕二『脳には妙なクセがある』(扶桑社新書)扶桑社、二〇一三年
・池谷裕二『脳はなにげに不公平―パテカトルの万脳薬―』朝日新聞出版、二〇一六年
・池谷裕二、木村俊介『ゆらぐ脳』文藝春秋、二〇〇八年
・池谷祐二『脳はなにかと言い訳する―人は幸せになるようにできていた!?―』祥伝社、二〇〇六年
・池谷裕二『進化しすぎた脳―中高生と語る「大脳生理学」の最前線―(ブルーバックス)』講談社、二〇〇七年
・池谷裕二『記憶力を強くする―最新脳科学が語る記憶のしくみと鍛え方―(ブルーバックス)』講談社、二〇〇一年
・石井英真『現代アメリカにおける学力形成論の展開―スタンダードに基づくカリキュラムの設計―』東信堂、二〇一一年
・石井英真『今求められる学力と学びとは―コンピテンシー・ベースのカリキュラムの光と影―』日本標準、二〇一五年
・今井むつみ、野島久雄、岡田浩之『新　人が学ぶということ―認知学習論からの視点―(新版)』北樹出版、二〇一二年
・今井むつみ『ことばと思考』岩波書店、二〇一〇年
・ジェニ・ウィルソン、レスリー・ウィング・ジャン著、吉田新一郎訳『「考える力」はこうして

つける』新評論、二〇〇四年
・内田和成『スパークする思考―右脳発想の独創力―』角川書店、二〇〇八年
・OECD教育研究革新センター（CERI）編著、小泉英明監修、小山麻紀訳『脳を育む学習と教育の科学』明石書店、二〇〇五年
・レイ・カーツワイル著、NHK出版編『シンギュラリティは近い―人類が生命を超越するとき―』NHK出版、二〇一六年
・鹿毛雅治『子どもの姿に学ぶ教師―「学ぶ意欲」と「教育的瞬間」―』教育出版、二〇〇七年
・鹿毛雅治、藤本和久編著『「授業研究」を創る―教師が学びあう学校を実現するために―』教育出版、二〇一七年
・桂聖、石塚謙二、廣瀬由美子、日本授業UD学会編著『授業のユニバーサルデザイン―教科教育に特別支援教育の視点を取り入れるVol.9―』東洋館出版社、二〇一七年
・ベネディクト・キャリー著、花塚恵訳『脳が認める勉強法―「学習の科学」が明かす驚きの真実！―』ダイヤモンド社、二〇一五年
・塩見邦雄編著『社会性の心理学』ナカニシヤ出版、二〇〇〇年
・嶋野道弘『学びの哲学―「学び合い」が実現する究極の授業―』東洋館出版社、二〇一八年
・高浦勝義編著『学力の総合的研究―高浦勝義研究部長還暦記念論文集―』黎明書房、二〇〇五年
・アンジェラ・ダックワース著、神崎朗子訳『やり抜く力―人生のあらゆる成功を決める「究極の能力」を身につける―』ダイヤモンド社、二〇一六年

・田村学「余韻を残したまとめ方―次回へつなぐ知的好奇心―」『児童心理』金子書房、二〇一一年七月号、七六‐八〇ページ
・田村学、黒上晴夫『考えるってこういうことか！「思考ツール」の授業（教育技術ＭＯＯＫ）』小学館、二〇一三年
・田村学、黒上晴夫著、滋賀大学教育学部附属中学校編『こうすれば考える力がつく！中学校思考ツール（教育技術ＭＯＯＫ）』小学館、二〇一四年
・田村学『授業を磨く』東洋館出版社、二〇一五年
・田村学編著、みらいの会著『生活・総合アクティブ・ラーニング―子どもたちの「能力」の育成と「知」の創造を実現する授業づくり―』東洋館出版社、二〇一五年
・田村学「対話的な学びの質的向上」新潟県中学校教育研究会『Ｃｌａｓｓ・学び合う授業』二〇一七年第三号、八‐一四ページ
・田村学『カリキュラム・マネジメント入門―「深い学び」の授業デザイン。学びをつなぐ七つのミッション。―』東洋館出版社、二〇一七年
・田村学、廣瀬志保編著『「探究」を探究する―本気で取り組む高校の探究活動』学事出版、二〇一七年
・田村学、黒上晴夫著、三田大樹［執筆協力代表］『田村学・黒上晴夫の「深い学び」で生かす思考ツール（教育技術ＭＯＯＫ）』小学館、二〇一七年
・田村学著、京都市立下京中学校編『公立中学校版教科特別活動部活動でも使える！　深い学びを

育てる思考ツールを活用した授業実践（教育技術ＭＯＯＫ）』小学館、二〇一八年
・田村学「見方・考え方」日本教育評価研究会『指導と評価』図書文化社、二〇一八年三月号、一四―一五ページ
・独立行政法人教職員支援機構編著『主体的・対話的で深い学びを拓く―アクティブ・ラーニングの視点から授業を改善し授業力を高める―』学事出版、二〇一八年
・奈須正裕『子どもと創る授業―学びを見とる目、深める技―』ぎょうせい、二〇一三年
・奈須正裕、久野弘幸、齊藤一弥編著『知識基盤社会を生き抜く子どもを育てる―コンピテンシー・ベイスの授業づくり―』ぎょうせい、二〇一四年
・奈須正裕、江間史明編著『教科の本質から迫るコンピテンシー・ベイスの授業づくり』図書文化社、二〇一五年
・奈須正裕『「資質・能力」と学びのメカニズム』東洋館出版社、二〇一七年
・アンディ・ハーグリーブス著、木村優、篠原岳司、秋田喜代美監訳『知識社会の学校と教師―不安定な時代における教育―』金子書房、二〇一五年
・ロバート・A・バートン著、岩坂彰訳『確信する脳―「知っている」とはどういうことか―』河出書房新社、二〇一〇年
・服部真（聞き手）「編集委員が迫る　総合学習 学力アップの鍵」『読売新聞』二〇一七年八月一一日（朝刊）
・クリストファー・ピーターソン著、宇野カオリ訳『ポジティブ心理学入門―「よい生き方」を科

学的に考える方法―』春秋社、二〇一二年
・平野朝久『はじめに子どもありき―教育実践の基本―』東洋館出版社、二〇一七年
（※学芸図書一九九四年刊の再刊）
・平川譲『体育授業に大切な三つの力―主体的・対話的で深い学びを実現する教師像―』東洋館出版社、二〇一八年
・スティーブン・ピンカー著、幾島幸子、桜内篤子訳『思考する言語―「ことばの意味」から人間性に迫る―』日本放送出版協会、二〇〇九年
・ピーター・ブラウン、ヘンリー・ローディガー、マーク・マクダニエル著、依田卓巳訳『使える脳の鍛え方―成功する学習の科学―』NTT出版、二〇一六年
・J・T・ブルーアー著、松田文子、森敏昭監訳『授業が変わる―認知心理学と教育実践が手を結ぶとき―』北大路書房、一九九七年
・米国学術研究推進会議編著、森敏昭、秋田喜代美監訳、二一世紀の認知心理学を創る会訳『授業を変える―認知心理学のさらなる挑戦―』北大路書房、二〇〇二年
・松下佳代編著『〈新しい能力〉は教育を変えるか―学力・リテラシー・コンピテンシー―』ミネルヴァ書房、二〇一〇年
・R・J・マルザーノ、J・S・ケンドール著、黒上晴夫、泰山裕訳『教育目標をデザインする―授業設計のための新しい分類体系―』北大路書房、二〇一三年
・三宅なほみ編著『学習科学とテクノロジ』放送大学教育振興会、二〇〇三年

・無藤隆『現場と学問のふれあうところ―教育実践の現場から立ち上がる心理学―』新曜社、二〇〇七年
・マッテオ・モッテルリーニ著、泉典子訳『経済は感情で動く―はじめての行動経済学―』紀伊國屋書店、二〇〇八年
・山鳥重『「わかる」とはどういうことか―認識の脳科学―』筑摩書房、二〇〇二年
・山鳥重、辻幸夫共著『「対談」心とことばの脳科学』大修館書店、二〇〇六年
・R・リチャート、M・チャーチ、K・モリソン著、黒上晴夫、小島亜華里訳『子どもの思考が見える二一のルーチン―アクティブな学びをつくる―』北大路書房、二〇一五年
・ジーン・レイヴ、エティエンヌ・ウェンガー著、佐伯胖訳『状況に埋め込まれた学習―正統的周辺参加―』産業図書、一九九三年

Epilogue

「探究モード」への幕は上がった

「主体的・対話的で深い学び」について、学習指導要領の改訂を踏まえて検討してきた。特に、「深い学び」に視点を当て、その具体的な姿を「駆動する知識」として整理し、いくつかの事例を紹介してきた。また、「深い学び」に向かう子供の姿を実現するためにはどのような教師の働きかけが必要なのか、教師力やチーム力とともに考えてきた。

この度の学習指導要領の改訂は、「探究モード」への転換であり、それは世界でも先端となる教育実践を創造していく取組である。このことは、これまで日本の教師が得意としていた繰り返し反復などの丁寧な指導に加えて、一人一人の子供が自ら学び、共に学ぶ授業を実現することを目指す挑戦である。教師力として身に付けているストロングポイントは一層確かにしながら、いくらか苦手としていた部分を補完していく営みでもある。

日本の教師は指導力が高いと言われる。そうした教師力をさらに磨き、高めるためにも、個人はもちろん、学校や地域との協働による教育実践を推進し、新たな可能性に向けた授業のイノベーションを進めていく必要があろう。

2018年3月　田村学

田村 学

國學院大學人間開発学部
初等教育学科教授
(文部科学省視学委員)

昭和 37 年新潟県生まれ。新潟大学教育学部卒業後、昭和 61 年 4 月より新潟県公立小学校教諭、新潟県上越市立大手町小学校教諭、上越教育大学附属小学校教諭、新潟県柏崎市教育委員会指導主事を経て、文部科学省初等中等教育局教育課程課教科調査官・国立教育政策研究所教育課程研究センター研究開発部教育課程調査官。文部科学省初等中等教育局視学官として新学習指導要領作成に携わる。平成 29 年 4 月より現職。主著に『考えるってこういうことか！「思考ツール」の授業』『こうすれば考える力がつく！中学校思考ツール』(小学館)、『今日的学力をつくる新しい生活科授業づくり』(明治図書出版)、『「探究」を探究する』(学事出版)、『新教科誕生の軌跡』『授業を磨く』『生活・総合アクティブ・ラーニング』『カリキュラム・マネジメント入門』(東洋館出版社) など。

Staff

Illustrator
赤川ちかこ（オセロ）

Book Designer
水戸部功

Layout & Operator
竹内宏和（藤原印刷株式会社）

Editor
河合麻衣（株式会社東洋館出版社）

Special thanks

case 1	滋賀大学教育学部附属中学校	太田聡
case 2	秋田県由利本荘市立西目小学校	小嶋真紀子
case 3	滋賀大学教育学部附属中学校	七里広志
case 4	大分県佐伯市立鶴岡小学校	武田文子
case 5	大分県佐伯市立鶴岡小学校	矢田みゆき
case 6	京都教育大学附属桃山中学校	小出聡子
case 7	鹿児島県鹿児島市立伊敷中学校	大野華代
case 8	滋賀県草津市立志津小学校	浦松詩織
case 9	新宿区立大久保小学校	有馬奈央子
case 10	福井県福井市明倫中学校	前田朋子

第２章「『深い学び』にアプローチする子供の姿」に、
上記の学校と授業者から事例をご提供いただいた。
この場を借りて厚く御礼を申し上げたい。
なお、執筆に当たり、事例を再構成している。

本書の制作に当たっては、
東洋館出版社の河合麻衣さんに支えていただいた。
河合さんと何度も議論を重ねる中で、自らの考えを明らかにすることができた。

本書に携わった全ての関係者に御礼を申し上げる。

深い学び

2018（平成 30）年 4 月 13 日　初版第 1 刷発行
2025（令和 7）年 6 月 20 日　初版第 17 刷発行

Author　田村学
Publisher　錦織圭之介
Publication　株式会社東洋館出版社
〒 101-0054 東京都千代田区神田錦町 2 丁目 9 番 1 号
コンフォール安田ビル 2 階
（代　表）電 話 03-6778-4343
FAX 03-5281-8091
（営業部）電 話 03-6778-7278
FAX 03-5281-8092
振　替　00180-7-96823
U R L　https://www.toyokan.co.jp

DTP/Printing　藤原印刷株式会社
ISBN978-4-491-03502-4　Printed in Japan

田村学 監修
東京都小学校生活科・
総合的な学習教育研究会 編

総合的な学習
授業づくりハンドブック

総合的な学習の時間の授業づくりのポイントと実践アイディアを紹介。「授業の準備段階ですること」「授業づくりの具体のポイント」「学習活動場面での留意点」「子どもの成長と活躍につながる評価の仕方」で構成。
（二〇一二・一一）

田村学 編著

新版 イラストで見る
全単元・全時間の授業のすべて
小学校生活 1年～2年

全単元・全時間の授業を紹介する「板書シリーズ」の生活科版。見開き展開の構成で本時の「目標・ポイント」「期待する子どもの反応」「授業の流れ」をイラストで解説し、板書、環境構成、活動のポイントなどを解説。
（二〇一二・二）

田村学・嶋野道弘 編著
みらいの会 著

これからの生活・総合
―知識基盤社会における能力の育成と求められる教師力―

生活・総合の可能性を示唆する秀逸の実践事例を紹介。変化の激しい時代を生き抜く子供たちに必要な能力育成のためのノウハウ、これからの生活科・総合的な学習の時間の考え方、授業の進め方、教師力の向上方策を解説。
（二〇〇九・九）

日置光久・田村学 監修
千代田区立番町小学校 編著

番町小発 新学習指導要領の
方向性を踏まえた言葉と体験で
つくる理科・生活科の授業

科学的言語力の育成の視点から「言葉と体験」を柱に、千代田区立番町小学校の研究・実践に沿いながら、「言葉と体験の充実」「座談会 新しい理科・生活科の方向性」「言葉と体験でつくる理科・生活科の授業」で構成。
（二〇〇七・一二）

井上一郎・安野功・
吉川成夫・日置光久・
田村学 編著

読解力向上をめざした授業づくり
低学年～高学年
―国語・社会・算数・理科・生活からの発信―

経済協力開発機構（OECD）加盟国によるPISAにおいて求められた「読解力」（読解リテラシー）を、日本の教育課程に照らしてどのようにして向上させていけばよいのか、実践案を通して改善を図る。低学年～高学年。
（二〇〇六・八）